要讲好中国知识产权故事，

展示文明大国、负责任大国形象。

——摘自习近平总书记在中央政治局

第二十五次集体学习时的讲话

绝对优势：点石成金的标牌力量

——中国优秀自主创新商标品牌发展纪实

朱宇　赵涵婧／著

中国财经出版传媒集团
中国财政经济出版社
北京

图书在版编目（CIP）数据

绝对优势：点石成金的标牌力量：中国优秀自主创新商标品牌发展纪实 / 朱宇，赵涵婧著 . -- 北京 ：中国财政经济出版社，2024.1

ISBN 978-7-5223-2602-3

Ⅰ. ①绝… Ⅱ. ①朱… ②赵… Ⅲ. ①商标—品牌战略—研究—中国 Ⅳ. ① F760.5

中国国家版本馆 CIP 数据核字（2023）第 219215 号

责任编辑：陈志伟　　　　责任印制：史大鹏

责任校对：胡永立　　　　责任设计：卜建辰

绝对优势：点石成金的标牌力量

——中国优秀自主创新商标品牌发展纪实

JUEDUI YOUSHI：DIANSHI CHENGJIN DE BIAOPAI LILIANG

—ZHONGGUO YOUXIU ZIZHU CHUANGXIN SHANGBIAO PINPAI FAZHAN JISHI

中国财政经济出版社 出版

URL：http：//www.cfeph.cn

E-mail：cfeph @cfemg.cn

社址：北京市海淀区阜成路甲 28 号　邮政编码：100142

营销中心电话：010-88191522

天猫网店：中国财政经济出版社旗舰店

网址：https：//zgczjjcbs.tmall.com

北京时捷印刷有限公司印刷　各地新华书店经销

成品尺寸：170mm × 240mm　16 开　15.75 印张　204 000 字

2024 年 1 月第 1 版　2024 年 1 月北京第 1 次印刷

定价：76.00 元

ISBN 978-7-5223-2602-3

（图书出现印装问题，本社负责调换，电话：010-88190548）

本社质量投诉电话：010-88190744

打击盗版举报热线：010-88191661　QQ：2242791300

序言一

绝对优势“优”在哪里

马克思主义哲学认为，世界上一切事物既包含相对的方面，又包含绝对的方面，任何事物都既是相对的，又是绝对的。相对与绝对是反映事物性质的两个不同方面的哲学范畴。相对，是指有条件的、暂时的、有限的；绝对，是指无条件的、永恒的、无限的。相对和绝对，都是同一事物既相互联系又相互区别的两重属性。这里说的“绝对优势”，是指在商品和服务质量相同的情形下，其商品和服务所核准注册的商标通过高质量创造、高效益运用、高水平保护、高标准管理等所展现出来的综合价值。

商标品牌是企业质量、管理、文化和信誉的集中象征，是国家经济发展水平、产业竞争实力的综合体现，其内生的市场力量具有不可替代的经济价值。习近平总书记多次就品牌建设作出重要指示，要求“推动中国制造向中国创造转变，中国速度向中国质量转变，中国产品向中国品牌转变”；要“把品牌和技术打出去”“做强做大民族品牌”“加快建设一批产品卓越、品牌卓著、创新领先、管理现代的世界一流企业”。事实上，企业与国家共命运，与时代同奋进。在高质量发展道路上，必须始终以稳健的步伐、开放的姿态，发挥商标品牌力量。

商标是商业文明的“特产”，依附于市场关系，植根于商业实践，是企业识别系统中最具传播力、感染力和公众接触面较广的部分，对内可以产生凝聚力和激励效应，对外可以提高产品的知名度和认同感。有商品竞争，才有商标；有商标，更促进了商品的激烈竞争。二者互为因果，商品借助商标进入市场，参加竞争。没有区别，就没有竞争；没有商标，竞争也就无从谈起。

商标品牌是最重要最基本的知识产权之一，而知识产权又是一种无形资产。事实证明，越富庶的国家，越一流的企业，有形资产所占比率越低，无形资产所占比率越高。而商标与品牌有着最紧密、最直接的联系。试想，一个企业、一件商品、一种服务，如果没有商标作为标识，品牌从何谈起；如果没有依法核准注册，保护从何谈起。那么，商标品牌在企业发展壮大过程中所展现的绝对优势，“优”在哪里呢？

“优”在自主创新。世上本来没有路，路是靠人走出来的。曾经，一些企业为省时省力，只关心眼前而忽视未来，沉迷于“拿来主义”“为人代工”“贴牌生产”，只会制造，不善创造，受人制约，长期在低水平徘徊，付出了高昂代价，如“真功夫被追诉”“乔丹体育改名”“中国红牛官司缠身”“马桶盖现象”。特别是手表、箱包、电子产品等消费品，其仍处于“微笑曲线”中间的制造和生产环节上，附加值较低。而一些高瞻远瞩的企业却毅然选择艰难的自主创新之路，如华为、海尔、小米等通过不断研发、厚积薄发，推动“中国制造”向“中国创造”转变，用自主创新的实力赢得了市场。

“优”在高质量创造。商标品牌虽然只是一个商业标记，却蕴含着企业的文化、愿景，寄托着企业家的情感、使命，具有丰富的内涵。企业要紧跟时代发展，力求创造的商标品牌独具匠心、独特新颖，底蕴深厚、彰显个性，富有一定的节奏感和愉悦感，使之朗朗上口，易记易看易传播，让人过目不忘、爱不释手；要结合自身实际，不断开展专利、品牌升级，持续增强高价值专利、高知名度品牌等知识产权的数量质量。创立于1927年的恒源祥，1989年登记注册，由上海恒源祥绒线创始人、著名爱国企业家沈莱舟先生根据当时自己店堂里的一副“恒罗百货，源发千祥”春联，取其精粹浓缩而来——恒：恒古长久，源：源远流长，祥：吉祥如意，合起来就是：恒源祥永远给天下人带来源源不竭的吉祥。“太阳最红、长虹更新”，其长虹之名取雨过天晴之意，有瑰丽壮观的寓意。

“优”在核准注册。须知，知识产权中除了著作权、制止不正当竞争权等，都不是自动产生的。一般情形下，专利权和商标权实行申请在先原则。市场未动，商标先行，征战商场，申请注册商标的重要性不言而喻。确定商标品牌后，要及时向国家有关行政部门申请注册，做好布局，因为只有经过核准注册的商标才能获得专用权，具有排他性和独占性，受法律保护，拥有许可、转让、质押等其他权利。图形商标最好登记版权，保护好原创著作权，进行全方位的预保护；留存好使用证据，如销售合同、销售发票，各类宣传资料、包装材料等；商标有效期10年，注册成功之日起算，到期及时进行续展，以保持商标持续有效，维护品牌持续发展，防范各种法律风险。同时，申请过程中，要严格遵守有关法律法规，坚守诚实信用原则，切不可采取不正当手段，否则不仅会受到法律惩罚，还可能“赔了夫人又折兵”，得不偿失。同样，对于权利主体而言，法律风险防范最主要的工作是“事前预警”，而不是“事后灭火”。“事后灭火”不如“事中控制”，“事中控制”不如“事前防范”，“事前防范”就是构建企业自身的免疫系统，防范法律风险于未然，提前预埋管道，做好申请注册的规划和布局。

“优”在高效益运用。商标品牌的发展壮大，如同人的成长，每一步都需要精心呵护、引导以及爱的浇灌，这就需要高效益的运用。知识产权运用，是指以实现知识产权经济价值为直接目的、促成知识产权流通和利用的商业活动行为，具体模式包括知识产权许可、转让、融资、产业化、作价入股、专利池集成运作、专利标准化等，涵盖知识产权价值评估和交易经济，以及基于特定专利运用目标的专利分析服务。其实质在于通过知识产权的商业运作将知识产权由“权”向“钱”的转变，从而为权利人谋求相应的竞争优势，增加财产收益。一支能卖1元的笔，配上一个贴切并使之升华的商标品牌故事，轻易就能卖到10元，甚至数十元。

“优”在高水平保护。保护知识产权，就是保护创新。要建立健全知识产权保护预警防范机制，从申请到使用，从监控到排查，提早预见风险，形成完整的知识产权申请策略及流程，完善主动监控体系、风险排查体系及维权打假体系，特别是要加强新业态、新领域商标品牌的知识产权保护，提升海外知识产权风险防控能力。当遭遇恶意侵权等行为时，能够果断出手、敢于亮剑、依法维权。

“优”在高标准管理。商标高标准管理，是指高标准对商标加以计划、组织、协调和控制等活动的过程，具有法律性、自律性、基础性、连续性、动态性和协调性六大特征，需遵循依法原则、效益原则、系统原则、价值规律原则和功能原则。基本要求是做到“五有五会”，有领导、有机构、有制度、有人员、有经费，会申请、会保护、会检索、会运用、会管理，形成体系化制度化建设，做到年初有规划、年中有小结、年底有报告。通过高标准管理，能够实现“五个方面”目标：一是增强企业的知识产权意识；二是促进企业知识产权创造；三是防止企业知识产权流失；四是提高企业知识产权收益；五是加强企业知识产权保护。上海商标品牌建设的经验体现在政府高度重视、规划先行；企业加大研发、定位准确；社会形成浓厚的商标品牌建设氛围；加强保护与科学引导相结合。诚然，成功的商标品牌不会一劳永逸，既要防范消费者喜新厌旧，又要防范自身使用管理不当。对内，要制定知识产权使用指南或手册，对员工和代理商进行培训；对外，要依法规范广泛推广使用，不断增强其知名度。尤其是要防范知名商标品牌做大做强后成为“通用名称”，如“优盘”“席梦思”“84消毒液”等。

历史发展表明，一个伟大的商标品牌背后，必定有一个伟大的企业和一位伟大的企业家。所以每一个企业、每一位企业家都应该不等不靠、主动作为，在政府、行业协会等齐抓共管下，高度重视商标品牌建设，自觉强化知识产权意识，培育知识产权文化，营造人人关注、重视、了解和参与知识产权建设的浓厚氛围，努力形成“尊重知识、崇尚创新、诚信守法、公平竞争”的良好氛围，引导职工积极参与商标品牌创造、运用、保护和管理，既承担保护企业商标品牌的义务，包括保护企业专利技术秘密、商业秘密等不受侵犯的义务；又承担泄露企业秘密的责任，主动防范和规避侵犯他人商标品牌等知识产权的风险。如此，才能确保企业经营安全，减少在生产经营过程中遭遇各类侵权和不当得利事件发生，不断提升和延伸知识产权的增值和赋能，助力建设世界一流企业。

一流企业需要一流商标品牌支撑，知识产权是品牌价值的提供者，是商标品牌价值的整合者，是商标品牌价值的放大者。一个商标品牌从无到有，从无名到著名，从知名到驰名，已成为广大企业的共同追求。两者虽是一字之差，但却耗费大量心血、智慧和资金。今天，谈起电子产品，人们想到的是华为；谈起火锅，人们想到的是海底捞；谈起外出旅游，人们想到的是携程……总之，凡是与知识产权有关的事物，总是魅力无穷。

种一棵树最好的时间是十年前，其次是现在。对于加强商标品牌建设，尤其如此。特别是如何把“优势”转换为“胜势”，解决“叫好不叫座”问题，打造“金字招牌”“百姓口碑”，非一朝一夕之功，需持之以恒、久久为功，方可收获商标品牌力量带来的红利和复利，实现名扬天下、名利双收。

正如积极的人生态度可以点石成金，化腐朽为神奇。那么优秀的自主创新商标品牌，亦可以助力企业点石成金，谱写新时代商海传奇。

（文中图片均来自网络）

作者

2023年10月

序言二

标牌力量“力”在何处

俗语讲，不以砍柴为目的的磨刀是假把式。在商标品牌领域，也有句俗语，不以使用为目的的商标注册是“耍流氓”。自商标品牌诞生以来，其生命就在于使用，其力量就体现在市场，最重要的一点是运用和传播，而运用和传播的力度、广度、深度，立足点在于是否善于讲好自身商标品牌故事。

/ 讲故事是本领 /

科学家指出，人的认知分为意识和潜意识两个层次，意识像一张过滤网，把符合自己理念和观点的各种信息放行，输入到潜意识中，其他的话一律排斥在外，这就是人们常说的“人们只会听到自己想听的话”。而潜意识隐藏在意识之下，像水库一样把过滤来的信息加以储备调用。人们之间产生认同感，最好的方式就是避开意识的审核和判断，直接和潜意识沟通。讲故事无疑是达到排除障碍、有效沟通的最好方式之一。

故事，是指通过叙述的方式讲述一个带有寓意的事件，或是陈述一件往事，由于其语言生动，寓理于事，潜移默化，娓娓道来，备受欢迎。在《人类简史》中，尤瓦尔·赫拉利将人类文明的产生归因于“擅长讲故事”。最后的晚餐、诺亚方舟、精卫填海、岳母刺字……那些被我们熟知的故事背后，凝聚的是精神和文化，让我们找到认同，让文明得以延续。

讲故事，讲好故事，是古今中外著名政治家、思想家的共同特点，更是中国共产党领袖的过人本领。习近平总书记就是善讲故事的大家和典范。无论是会议发言，还是调研谈话，无论是出访演讲，还是撰写文章，他都善于以事说理、用事明理，通过一个个生动精彩的故事，把抽象的理论通俗化，让深奥的道理浅显化，既有强大的思想说服力，又有强烈的文化感染力，娓娓道来、回味深长。用故事来打动人、说服人，用故事来启发人、引导人。在故事中，展现着“中国智慧”和“中国风格”，让人想听爱听，受益匪浅。

习近平总书记讲自己在陕北插队时，听说一个知青有《浮士德》这本书，就走了30里路去借书，后来那位知青又走了30里路来取书。“30里借书，30里讨书”的故事感人至深、催人奋进。

在出访美国演讲，忆及梁家河变化时，习近平总书记说：“那时候，我和乡亲们都住在土窑里、睡在土炕上，乡亲们生活十分贫困，经常是几个月吃不到一块肉。我了解乡亲们最需要什么！后来，我当了这个村子的党支部书记，带领乡亲们发展生产。我了解老百姓需要什么，我很期盼的一件事，就是让乡亲们饱餐一顿肉，并且经常吃上肉……”

一个小故事，不仅让世人感知到了梁家河今昔变化所折射的中国发展大变化，也让世人体悟到了他不变的执政“初心”。

2022年10月23日，在二十届中央政治局常委同中外记者见面时，习近平总书记诚挚地说：“欢迎大家多到中国各地走一走、看一看，客观真实向世界讲好中国故事，讲好中国共产党故事，讲好我们正在经历的新时代故事。”在知识产权领域，习近平总书记多次强调“要讲好中国知识产权故事，展示文明大国、负责任大国形象。”

可见，人类天性爱交流，想要了解他人故事。故事具有跨越任何障碍，传递植入对方内心情感的力量。讲故事，就是这样一种力量强大、历史悠久、在世界各地都普遍存在的人类活动。我们都是听着故事长大的。世易时移，人生人死，沧海桑田，但故事一直绵延不绝。记忆可以被抹去，故事却永恒。无论对国家、对企业还是个人，巧妙地应用故事通常都会取得事半功倍的效果。

总之，讲好中国故事，商标品牌是最简单、最有力的沟通方式之一。中华文明5000多年历史，是一座商标品牌的宝库，我们需要做的就是在新时代重新挖掘它们、认识它们，让它们与文学相遇，向文学致敬，以更浪漫的形式传递品牌背后的历史文化与价值理念，通过文化和品位与消费者建立更亲密的情感连接和精神共鸣，发挥它们在当代的更大价值。

/ 好故事有价格 /

品牌不过朝露，文学方为永恒。品牌的本质是一场故事表达欲的探索。

故事，是个奇妙的东西，是一种隐藏在经济活动中的情感商品，无论面临怎样的场景，都有着与众不同的穿透力。毕竟事实的陈述因其平淡和普通，人们并不容易记住；故事跌宕起伏、倾注情感，很容易引起心灵共鸣而牢记于心。

一个有好故事的人，更容易被记住，翻阅大量的名人传记后便印证了这一点；一个有好故事的产品，更是畅销不衰，那些配有好故事的产品能够合情合理地卖高价便是例证。一个看似平凡的普通人，配上一个传奇故事，就能身价倍增，在事业上无往不胜；一件能卖100元的衬衫，配上一个贴切并使之升华的商标品牌故事，轻易就能卖到200元，甚至数百元。这些，都是被我们忽略的心理学效应的反射。

可见，讲故事，才气就是影响力。品牌故事赋予品牌以生机，增加人性化的感觉，把品牌融入顾客生活。品牌是产品的情感化和精神化，品牌是有生命的产品。一个品牌的故事越多，内涵就越丰富。品牌故事是品牌与消费者建立密切关系的基础，讲述消费者最期望听到的故事，会使听众产生一种身临其境的感觉，增加神秘的效用，并为故事中的言行而动情，为过程而感动，从而维持消费者的热情。

“我们不生产水，我们只是大自然的搬运工”，农夫山泉通过讲述寻找水源地的故事，传递的不再是简单地讲水怎么好喝，背后还有其价值观的表达。“巴掌大”的法国依云小镇，将“依云水”的发现过程编成一个“侯爵奇迹痊愈，拿破仑三世及其皇后赐名”的极具传奇色彩的故事，讲出了“活出童真”的新寓意，成为一种高端与尊贵的“独特符号”，让人喝下去的不仅仅是水，而是其背后的传奇故事和尊贵梦想，每年要供应全球几亿高端人群。

“65岁跌宕人生，75岁重新出发，85岁硕果累累，褚橙——褚时健种的冰糖橙，24：1黄金甜酸比。中国人喜欢的甜，是苦尽甘来的甜，是逆袭的喜悦。人生终有起落，精神终可传承。”褚橙通过广告讲述的故事，让人热血沸腾，重新唤醒了人们记忆中的那份感动。人们在购买褚橙时，已经和橙子本身没有太大关系，而是在向这种生活态度致敬，向褚时健致敬。

迪士尼，在创作上不断推陈出新，通过《白雪公主和七个小矮人》等风靡全球的故事，塑造出了狡猾敏捷的米老鼠、喋喋不休的唐老鸭、厚道笨拙的布鲁托狗、大智若愚的三只小猪等产品，制造出吸引不同年龄人群的卡通明星，并从创意逐步扩大到产业，获得知识产权保护后实行特许经营开发。迪士尼主题公园的推出，又把观众在电影和卡通片里看到的虚拟世界变成了可游、可玩、可感的现实世界，进一步把文化产业扩展到旅游业，将商标品牌故事的塑造运用到了极致，成就一个商业传奇，收获了巨额财富。

1963年创刊的《故事会》，在坚持故事文学特点的基础上，成功塑造人物形象，提高艺术美感，力求口头性与文学性完美结合，从而使每一篇故事都能讲得出、读得进和传得开。一本普普通通的刊物，小小的32开本，装帧谈不上时尚，封面也并不吸引人眼球，通过一串串美妙动人的故事，却在中国期刊出版史上树起一座丰碑，依靠《故事会》的品牌效益，完善了产业结构，扩大了产业规模，成为中国期刊的神话。

可见，讲故事就是传播，传播就是扬名，就是加深记忆，就是提升价值。

/ 下功夫讲故事 /

自古，“东湖虽大无佳话，西湖故事传天下”。酒香不怕巷子深的传统观念需要改变，好的商品和服务只有被更多人知道，才能创造更多财富。“故事”的力量如此巨大，作为知识产权重要组成部分之一的商标，其名称和标志的选择、注册，品牌的运用、传播等，不妨多在“讲故事”上下功夫。

事实上，消费者认识一家企业，通常从其产品开始，而记住一家企业，往往是从商标品牌开始。商标品牌是企业进入市场的名片，承载着商品或服务的商誉和企业形象。在讲好商标品牌故事上下功夫，通常要把握五个方面，为何讲故事——目的，对谁讲故事——受众，讲什么故事——内容，在哪讲故事——媒介，怎么传播故事——形式。

谈起“宝芝林”，大家津津乐道。据说，黄飞鸿有一个叫伍铨萃的弟子，文人出身，1892年中了进士。他曾经送给黄飞鸿两句诗：“宝剑腾霄汉，芝花遍上林”，而黄飞鸿在创办跌打医馆时就取了该诗两个开头的字和最后一个字作为医馆的名称。

“钟牌414”毛巾，始创于1937年，由当时的中国国货公司老板李康年与人合资兴办的中国萃众制造股份有限公司运营。货号取“试一试”的谐音。用意是请大家来“试一试”“使一世”。产品问世前，商标由厂方登报征集，在数百件征稿中选中一幅用“萃众”二字拟成钟形的稿件。其含意是钟牌（萃众）产品，发之有声，声宏广传，一鸣惊人，广为皆知。当时，为了打开销路，厂方在电台、报纸、车站等各种渠道

嗨体

大做广告，在影片公司拍成414毛巾生产电影，在各影院片前放映，广告上用“柔软耐用，拔萃超众”八字，给人们留下了深刻印象。

笔者认为，从史书或地域、人文等方面的书籍上寻找灵感，于老人们口耳相传的典故、闲谈杂议等受到启发，从中取其名称或标志，更有故事底蕴。特别是中国元素和中国文化一直是世界舞台上耀眼的篇章。一个中国商标品牌，不用中文，而用英文，其实辨识度是不高的。对于本身就是中国故事组成部分的国货，不应盲目崇拜大牌的光环，好用便宜又有故事才会驱动消费者从认识到认知，从认同到认可，直至认定；从满意到喜欢，从信赖到忠诚，直至信仰。

宝洁公司的不同产品有不同品牌，较多采用普通词汇命名，体现日常生活的情趣，完全是汉化的名称，没有外来语的痕迹，如汰渍、潘婷、飘柔、舒肤佳、海飞丝、佳洁士等，构成符合中国消费者习惯的新品牌，可见其全球营销策略的高明之处。

红双喜是专业的运动器材品牌，成立至今有100多位中国乒乓球世界冠军用此球拍夺冠。当时为了筹办1961年在北京举行的世乒赛，有运动员提出可不可以用中国的器材，得到了各界人士响应。1959年，上海有了红双喜这个名字。寓意有两个：一个是庆祝我国拿了第一个世界冠军；另一个是庆祝新中国成立10周年。

李宁品牌一直致力于专业体育用品。“左手时尚，右手专业”。每个人长两只手，左手追求潮流和时尚，最有力的右手依然是做专业科技功能的体育产品，两者相互促进、相得益彰，点燃了年轻人内心的自豪感和激情，成为营销界一个风向标事件。

家喻户晓的“华为”，取自“中华有为”。其品牌标志由图标和HUAWEI文字构成，是公司核心理念的延伸，体现出华为坚持以客户需求为导向、持续为客户创造长期价值的核心理念；灵动活泼，具有时代感，表明华为以积极进取的心态，持续围绕客户需求进行创新，为客户提供有竞争力的产品与解决方案；饱满大方，表达了华为稳健发展，更加国际化、职业化；在保持整体对称同时，加入光影元素，显得更为和谐，表明华为坚持开放合作，构建和谐商业环境，实现自身健康成长。

新学道教育

基于以上案例分析，讲好品牌故事，可概括为"四种方法"。一是用故事传递价值。僵硬的品牌价值传递和道德说教很难让人心甘情愿地接受，通过故事情节来潜移默化地传递品牌价值就能起到"润物细无声"的绝妙效果。比如华为的"狼性文化"、谷歌的"自由文化"等，都是通过一个个品牌故事的积淀赢得消费者信赖的。二是用故事讲述情怀。吃到橙子，就想到了褚老，激发了奋斗信心，就会多买几箱送给自己和亲友，褚橙成为一种"励志橙"，让人吃出了人生百味。三是用故事展现历史。北京同仁堂是全国中药行业著名的老字号，创建于1669年（清康熙八年），自1723年开始供奉御药，历经八代皇帝共188年，其诚信品质、专业传承、强大的生存和发展力创造了一个又一个奇迹。四是用故事构筑梦想。皇明太阳能告诉消费者："我们卖的不是太阳能，而是蓝天和白云"；福特汽车品牌则宣告："我们要让人人都拥有一辆汽车。"

商标品牌故事，是消费者对商标品牌的所有联想的集合体，反映了其在消费者记忆中的图景，展现的是品牌形象，是企业独特的文化价值，也是其差异性所在。当品牌承载了故事，被赋予了情感的交融，给予了精神的寄托，成为一种生活方式的代表，这个品牌就拥有了独特的气质与理念，能够和消费者心灵相通、言语相融，赢得信任，更好释放商标品牌的经济潜能。

讲好品牌故事，不仅要讲好品牌本身的价值，还要讲好经济价值、社会价值、文化价值，让品牌形象更加丰富。

价值永远是品牌的核心。如果用“德才兼备”来评估商标品牌的价值，“才”体现在提供的优质产品与服务，“德”表现为商标品牌的行为和故事是否符合社会主义核心价值观，是否符合道德规范。在商品和服务质量相同的前提下，善于讲好商标品牌故事，事半功倍；忽视讲好商标品牌故事，事倍功半，甚至功亏一篑。

事实证明，品牌是中国通达强国之梦的康庄大道。品牌文化是品牌的动力之源。对于一个国家或一个地区的文化改变，带有内生性和根本性，具有不可逆转性，这就是品牌力量。品牌文化创新无疑是历史与当代交融的结晶，是当下人们生活理念、审美取向，乃至价值观的具体反映。从某种意义上说，一个国家经济崛起的过程，就是本国品牌发展壮大的过程，一个行业是否成熟，要看该行业是否确立了大众熟知和接受的品牌。

总之，商标品牌的力量，内涵丰富、方法多样，本书仅从讲好自主创新商标品牌故事的角度，作抛砖引玉之用，旨在引领相关主体，善于及时总结、推广富有中国特色、顺应时代潮流的商标品牌成长故事，共同为中国商标事业和中国品牌走向世界贡献绵薄之力。

（文中图片均来自网络）

作者

2023年11月

Contents | 目录

一个“爱”字铸就初心

一个“诚”字感动人心

一个“专”字厚积薄发

一个“品”字声名远扬

一个“新”字赢得粉丝

一个“爱”字铸就初心

爱

大岸浪花

大岸浪花：在大风大浪中助力中华料理走向全球

任磊

“大岸浪花”商标品牌创始人

青岛混元兽网络科技有限公司、青岛大岸浪花国际贸易有限公司董事长

风浪越大，鱼越贵……

电视剧《狂飙》高启强的一句台词，既道出了风浪下水体含氧量高，鱼更活跃，形成了大风大浪出大鱼的自然现象，也寓意了做生意的基本规律——经历的风浪越大，越能成为真正的大企业家。一语双关，掷地有声，成为经典。

现实中，一位卖鱼郎历经大风大浪，却矢志不渝，始终致力于让精品海鲜更便宜、更快捷地走上百姓餐桌，让中华料理走向全球，既有赚钱养家的朴素志向，也有弘扬优秀传统饮食文化的家国情怀，知行合一，久久为功，成为传奇。

他，就是“大岸浪花”商标品牌创始人，青岛混元兽网络科技有限公司、青岛大岸浪花国际贸易有限公司董事长任磊。

/ 被迫的选择——“我是卖鱼的”/

山东省中南部，有一座因蒙山之阴而得名的县城——蒙阴。

1986年，任磊出生在蒙阴一个普通的农民家庭。从小聆听“六姐妹”支前拥军和孟良崮战役故事长大的他，对家乡的历史名人、独特文化和地标风景充满了敬畏和热爱。沐浴着丰厚的沂蒙文化、红色的沂蒙精神，他立志要做一个对国家、对社会、对人民，有价值有本事有意义的人。

自古英雄多磨难。少年时代的任磊，生活十分贫困。当时，参加过莱芜战役的姥爷身体不好，年轻的母亲患有先天性心脏病，求医寻药花了不少钱，让原本不富裕的家庭雪上加霜。他和姐姐，小学、中学都是一边学习，一边到田地里劳动，暑假、寒假打零工赚钱，补贴家用。

2003年，高中未毕业的任磊，面对“苦不堪言”、看不到未来的现状，等不到大学毕业再去工作，他急需的是“弯道超车”、挣钱养家。

“经过一番深思熟虑，我决定到社会大学‘本硕’连读，便追随姐姐、姐夫，从临沂来到青岛。在海鲜市场找了份工作，起初是在零下25度的冷库里当装卸工，一身破旧的棉衣棉裤，有的地方棉絮都裸露在外面，每天装卸每箱三四十斤重的海鲜。晚上睡觉时，腰酸腿疼，翻身都困难。这一干，就是两年多，好在我身板结实，咬咬牙就坚持了下来，不少同事没干多久就离职了。老板看我比较勤快，能吃苦又好学，就让我到摊位上做销售……”

对初入社会的过往经历，今天的任磊谈得风轻云淡。事实上，他心里比谁都清楚，当年的他没有任何选择权，在时代的洪流推动下，随波逐流进入了这个“能干什么赚钱就干什么”的赛道，纯粹是一种被动的行为、一种命运的安排。

从此，告别学生时代、走进商海的任磊，有了一个新的身份——“我是卖鱼的！”

然而，三百六十行，最难做的是销售。站在摊位前，原本以为靠热情、靠勤快就能把鱼卖出去的任磊，一个多月卖了不到一千元。原本自信满满的他陷入了反思。

“要想把销售业绩搞好，先要把服务做好……销售冠军的特点就是会说，口才好，口才好的前提是肚子里有货……产品卖不出去不是产品不够好，是你的销售能力不够强。”任磊在向老板请教销售经验的同时，还采取多种方式向身边的销冠学习，并买来相关书籍自学，做好笔记、边学边用、搞好复盘、总结提高。

在市场上打拼三四年，任磊积累了大量的实战经验。“肯钻研、爱学习”成为他的另一个标签。

/ 主动地学习——“名字是我起的” /

学以增智、学以立身。

学历不等于能力。为了更好站稳脚跟，任磊从坚持自主零散学习向参加系统培训转变，他先后报考了中国海洋大学的EMBA等培训班。

“基础不牢，让我吃了不少苦头。记得第一次听课时，连一些商业惯例的关键词都听不懂，只能悄悄用百度查询后，才有信心抬起头来，与老师目视交流……除了学销售，还学技术、学管理、学国学。”凭借不懂就学、不会就问的强烈求知劲头，任磊的能力不断提高，已经逐步成长为能够打通产业上中下游全链条的“高中学历、大学水平”的“首席”卖鱼郎，彰显了强大的学习能力、实干精神。

“青岛四季分明，完全符合生物的自然生长规律，污染小，海产品不仅丰富，且个头较大、味道鲜美……大海鲜，指海参、鲍鱼、螃蟹等；小海鲜，指海蛎子、鱿鱼、蛤蜊等，都具有较高的营养价值，可以提高身体免疫力。”一位土生土长的内陆青年，俨然转身成为一位依水而生的大海之子。

时间来到2009年，羽翼渐丰的任磊已经不满足于“三尺摊位”的天地。此时，国家出台“创业贴息贷款”等诸多优惠政策，更加激发了他创新创业的信心。

经过近七年市场历练，怀揣2万元积蓄，加上20万元贷款，任磊携手好友“三挡起步”创业，创建公司、建章立制、规范管理，从一开始就正规起来，核心业务定位是为酒店配送海鲜产品。

涉入大海深处，方知险峻丛生。资金、人脉、关系、押账等潜规则时时影响着业务拓展，作为一名异乡人，任磊又一次感到了做生意的不容易。特别是疫情的反复，更增加了市场的不确定性。

此路不通，尝试变通。2012年，任磊果断向电商平台进军，在阿里巴巴和淘宝等网站上建立海鲜电商平台。在这里，他坚信只要和消费者搞好“关系”，确保物美价廉，就一定能赢得市场。也是在这一年，他日思夜想的新品牌有了灵感——“大岸浪花”。

“海岸线，是一个国家的陆地与海洋的分割线，站在海岸线可以眺望到无尽的海洋。海风哗哗，遐思无限。可以说‘大岸浪花’，就是我的一个梦想，是一位草根站在海岸边，面向大海的呐喊和憧憬。海岸，象征光明、希望，意为美好贤德和成功上岸；海浪，象征着坚持不懈、勇往直前的精神，代表自由奔放的性格和积极向上的生活态度，也是人生成功必须经历的摔打和磨炼。浪花拍岸，人生起伏，既要执着追梦，也要自然随性，重要的是永远充满活力，用拼搏和奋斗激起金色的浪花。这非常符合我的性格。”

浪花因撞击而美丽，人生因拼搏而精彩。任磊对自己别出心裁、巧思妙想起的这个品牌名字，格外珍视。先后在第29类、第30类等食品和第43类餐饮等服务项目上申请注册了商标，并被核准，为未来打造知名品牌做好了周密完善的规划布局。

/ 坚定的信念——“让中华料理走向全球” /

文化兴则国运兴，文化强则国家强。

文化是一个国家和民族的灵魂。长期以来，任磊在探寻海鲜美味中不断感受着中国饮食文化的博大精深，更潜移默化增进了文化自信。他为公司定义了“真诚与共·爱如家人”的价值观，“挑选全球海鲜，服务中国消费”的使命和“成为中国精品海鲜第一品牌”的愿景……

为了更好创新中国饮食文化，传播优秀传统文化。在产业布局中，除了在济南、临沂等地新建海鲜仓储和加工基地外，任磊还在青岛核心区选址800多平方米，开设了顶级的“大岸浪花”中华料理店。

“所谓中华料理，就是将不同的基本原材料巧妙地混合在一起，讲究色、香、味、意、形五个特点。我们要做的就是从中华五千年文明历史中，寻找优秀的饮食文化，并结合现代人的健康需求进行创新性发展、创造性转化，打造新中式中华料理，满足人民群众对美食美味和美好生活的向往。”

任磊对“大岸浪花”商标品牌寄托了深厚情思，他表示未来目标是在所有大城市实现“一城一店”“同城同店”和“高端食材”“百姓消费”，让优质精品海鲜产品能够更便宜、更快捷地送达消费者，让全球美食爱好者分享中华料理食品，让中华优秀饮食文化成为架起人类命运共同体的桥梁。

一人富不算富，还要带领乡亲们一起富。任磊致富不忘乡亲，经常力所能及为家乡捐款捐物，助力建设美丽乡村。2023年4月18日，在第28个世界读书日来临之际，他又为家乡捐赠了数百本新书《追梦成功转型的秘诀》，助力父老乡亲早日过上既有美食又有美景的梦想生活。

古人云："民以食为天。"今天，习近平总书记指出，解决好吃饭问题、保障粮食安全，要树立大食物观，既向陆地要食物，也向大海要食物，耕海牧渔，建设海上牧场、蓝色粮仓……为做大做强做优海鲜产品市场提供了巨大契机和广阔舞台。

万里海疆任驰骋，毕生铸就美食梦。

"任磊团队"乘风破浪，"大岸浪花"扬帆远航。

（文中图片等资料由主人公提供）

“与菌共舞”：
“自闭女孩”刘海霞用心用情用力打造健康新品牌

刘海霞

“与菌共舞”商标品牌创始人

中科宜康（北京）生物科技有限公司董事长

千年的苦苦寻找，

换来我与你永世的不离不弃；

当我寻来了全世界最珍贵的菌株，

你已奏响了有益菌的集结号；

在一群三叶草的簇拥下你款款而来，

发现四片叶子的我；

与你有同样的心愿，

愿普天下的人们幸福安康！

……

作者不是诗人，不是作家，而是一位热心肠智库专家、国家二级营养师、健康管理师，是“与菌共舞”商标品牌创始人、中科宜康（北京）生物科技有限公司董事长刘海霞。

/ 幼年的经历　格外关注“健康”/

20世纪70年代末，刘海霞出生在河北省威县一个普通家庭。童年并没有太多欢乐时光，因为在六岁那年她被诊断为“脑膜炎”，经常脑子疼。有一次高烧后，她在炕上躺了三天，村医看了以后说“准备后事吧”。父亲不离不弃，骑着自行车带着她来到了镇上，医生看了后也说“救不了”。之后，正好遇到邻居刘梅芳医生的老师因没有赶上长途车留宿村内，诊断后直言“这种病治愈率很低，即使救活了，也可能是个傻子……”

一周后，在医生的精心救治下，刘海霞出院了。父亲满眼的担忧，在她面前伸出手掌，问她这是几根手指？她回答“5根”，父亲脸上瞬间绽放出笑容，这个笑容被定格在小海霞的脑海里很久很久，而一旁的母亲也激动得泪流满面：“孩子没有傻，没有傻啊。”由于使用大量的抗生素等药品，导致小小的海霞明显有点嘴歪、身子斜，同时还依旧时常头疼。曾经那个人见人爱的小女孩，如今变得不善言语，有点“自闭”了。

随着年龄增长，刘海霞开始学习研究健康知识。15岁那年，她来到了北京。先后在军工单位、银行上班，还在商场卖过服装，但她都感觉不到“太多的价值”。1999年，她来到同仁堂丸剂药堂工作，开始接触药品知识，后来又在一个保健茶厂工作，这使她逐渐找准了自己的人生发展方向。

/ 菌株的牵手，“共舞”迎来新生 /

幸福的家庭总是相似的，不幸的家庭各有各的不幸。2001年，刘海霞的儿子由于早产，从小身体较弱，时常生病。为了照顾孩子，要强的她不仅自学考取了营养师证书，还利用一切时间学习医学护理等知识。

一次偶然的机会，刘海霞发现益生菌的复购率比较高。国外一位专注于肠道健康的华人医生，一次性让她帮助邮寄了500盒。次年，这位华人医生又购买了一部分捐赠给敬老院。这位医生还为她普及了许多益生菌的知识和亲身接触的病例，并推荐了《肠子的小心思》和《益生菌健康宝典》等书籍，使她受益良多，深受震撼和影响。她和孩子坚持对症食用不同功能的益生菌，身体明显好转。

随着对益生菌了解越来越深入，刘海霞萌发了进军这个领域的想法。2017年，在朋友们的支持帮助下，她找到了现在的合伙人。之后，经过一番深思熟虑，她卖掉了房子，投入300多万元成立了中科宜康（北京）生物科技有限公司。

中科宜康品牌LOGO整体形象，如同汉字“中”的变形体，代表“中科——中国的科学”。绿色代表生命、蓝色代表科技，将生命与科技融合起来，就是中科宜康企业的创立初衷，即用最科学、简单、有效的方式实现生命健康。蓝绿交融，犹如一把打开健康之门的钥匙。在“幸运草”基础上衍生的四叶草，第一片叶子代表真爱（love），第二片叶子代表健康（health），第三片叶子代表幸福（happiness），第四片叶子代表财富（riches）。左右两部分，既有图形上的对称，又有颜色上的不同，寓意虽然科学种类繁多，生命五彩纷呈，但只要具有专注专业服务的初心，就一定能够开启一个健康新“食”代。

一个篱笆三个桩，一个好汉三个帮。刘海霞联合中国科学院微生物研究所、华中科技大学、北京华元生物技术研究院以及临床试验机构等，开展多项微生物科研合作，并与山西医科大学、中日友好医院等进行人体微生态临床合作。公司秉承“益生菌为健康保驾护航”的理念，致力于益生菌相关产品的开发和技术服务，定位于专注微生物科研及产业化，开发人体微生态健康调理产品的生物科技创新公司。

刘海霞在用心用情用力用科技成果和健康知识调理自己和孩子的同时，全力投入创新创业，迎来了人生的“春天”……

/ 固执地热爱，打造品牌“新标” /

念念不忘，必有回响。灵感来袭，刘海霞为益生菌写下一首小诗，并设计了“与菌共舞”商标品牌，其LOGO蓝绿相间，象征睿智、博爱、创新和生命、安全、青春，中间圆点似旭日东升、阳光普照，既犹如一位婀娜少女翩翩起舞，又如一条健康丝带轻柔飞舞，运用“菌”与“君”谐音，寓意“菌临天下、专注一生、与菌共舞、健康人生”。表达了每位员工都是健康使者，把“与菌共舞”益生菌这颗被誉为幸运草的种子，传播到世界各个角落，让所有服用“与菌共舞”益生菌的人同时拥有真爱、健康、幸福与财富的胸怀与梦想。整体风格中西合璧，别具创意，形意相携；令人耳目一新、韵味无穷。

保护知识产权就是保护创新。2017年6月，刘海霞向国家有关部门申请注册“与菌共舞”商标，经核准指定使用在第5类“微生物用营养物质”等商品上，2020年又陆续在第16类、第30类、第35类等商品和服务项目上进行了注册。品牌定位为“临床级产品、药品级配方、食品级流通”，品牌口号为“与菌共舞，奏响有益菌的集结号”，品牌愿景为“构建菌群大联盟、平衡人体微生态”，标志着“与菌共舞”商标品牌布局愈益完善。

拿到了“与菌共舞”注册商标的刘海霞，倍加呵护这个新生的“孩子”。从小就与病痛斗争的她作为益生菌使用的受益人、亲历者，已经固执地爱上了这份事业。“独健康不如众健康”，她心中比任何人都想把这神奇的益生菌推广到市场上，让更多和她一样的人看到生活的希望，过上欢乐的生活。为此，她义务做起了益生菌的科普者。

“在当下蓬勃发展的大环境下，温饱早已不再是梦想，而健康却成为百姓心中永恒的梦想。没有饱受过生命中的病痛、绝境，就无法体会那种无助的悲凉，以及对健康的极度渴望，哪怕只是一点点……”

“人体肠胃犹如大海，内肠道菌群环境，如汪洋大海，如果环境好一点，有益生物就会生长旺盛，如肠道偏酸性，乳酸杆菌、肠球菌等有益菌就增多，它们保护肠黏膜，维持局部环境平衡……在我国，益生菌属于食品范畴，像酸奶、酿酒等食品制作过程都离不开益生菌的参与，菌是这类产品的灵魂。一款足够安全的食品原料，是不需要做临床试验的，但中科宜康为证实自己研发的产品安全有效，发起了多项论证性最强的RCT人体实验，包括不限于与中日友好医院消化科做的320人组的‘以肠道菌群为靶点对幽门螺旋杆菌感染患者根治过程中的研究’、与三博脑科医院做的520人组的‘益生菌制剂针对颅内肿瘤切除术后患者近期及远期临床恢复的研究’的临床验证。益生菌和人体相当于共生关系，人类为菌提供‘居住场所’，肠道菌群为人体分解、转化食物中的养分供肠道吸收，健康平衡的菌群还能够为人体起到生物屏障的作用，避免致病菌伤害我们……”

聊起益生菌，刘海霞双眼放光、如数家珍，俨然一位资深专家。重视普及，同时也重视生产和营销。从选材到生产再到技术工艺，从试验到规模化加工，她都认真把关，和科研博士及基层员工一起，把全部热情和决心融入产品中，力争做出国内最有良心、最适合、最靠谱的益生菌产品。

经过多年发展，公司现有五项人体微生态产品发明专利，近百项知识产权，并成功研发上市“与菌共舞”临床级品牌，自主创新开发了高品质的益生菌冻干粉、益生元粉等系列产品。

企业发展壮大，不忘爱心传递。2019融渠道与新消费高峰论坛、中国医药卫生事业发展基金会功能医学专业委员会第二届年会在京召开，刘海霞不仅受邀参加，还代表中科宜康为大会提供了价值不菲的爱心捐助物品。2020年新冠疫情来袭，当看到李兰娟院士电视上传播服用微生态制剂具有增效调理作用，她马上向中社基金及北京市红十字会捐助了共计价值40

余万元的产品。她还为高考、中考有负面消极自闭抑郁压力的考生，捐赠“与菌共舞”情绪益生菌……

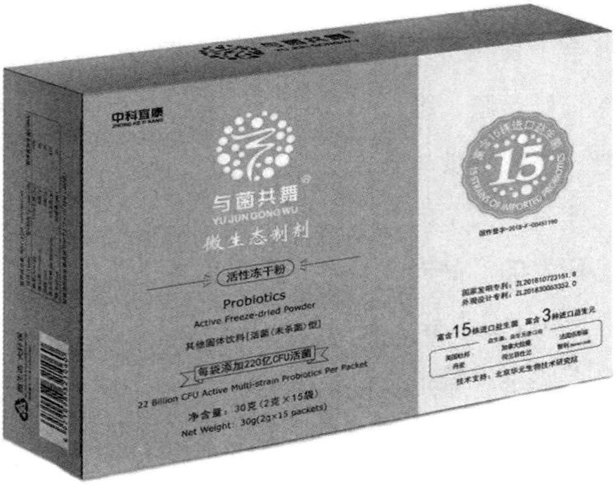

长风破浪会有时，直挂云帆济沧海。未来，刘海霞和她的“与菌共舞”将以公司发展“3233准则”为指导思想，以“整合人体微生态、开启健康新时代”为战略目标和愿景，以健康中国2030规划纲要为历史使命，大力发展肠道微生物基因检测及益生菌、益生元相关产品技术应用，坚持靶向性研发和精准化生产，专注、专业、专心为客户输出“人体微生态解决方案”而不懈努力！

与菌共舞，同享幸福。

（文中图片等资料由主人公提供）

八甲田：
烹饪大师王海威30年匠心“为爱做碗面”

王海威

“八甲田”商标品牌创始人

北京佰亿登餐饮管理有限公司董事长、中国烹饪协会理事、世界厨师联合会国际裁判

首都北京，王府井商业区附近的繁华地段，有一处闹中取静的餐饮店——八甲田拉面馆。一家普普通通、平平常常的餐馆，却因为背后的掌门人，而颇具神秘色彩。

他是中国烹饪大师，是中国烹饪协会理事、中国烹饪协会名厨专业委员会委员、中式烹调专家委员会委员、中华餐饮名店认定师、中国餐饮业国家一级评委、国家职业技能竞赛裁判员、中国国家烹饪队教练、世界厨师联合会国际裁判。从业30多年，他从“火头军”到厨师长，再到董事长。一连串的荣誉和特殊的经历，无声地述说着一位“厨王”的传奇人生。

他，就是“八甲田”商标品牌创始人、北京佰亿登餐饮管理有限公司董事长、中国烹饪协会理事、世界厨师联合会国际裁判王海威。

/ 拜师学艺，结缘“三尺灶台”/

我国东北部的黑龙江省，幅员辽阔、山水壮美，因省内有黑龙江而得名。这片肥沃而深情的黑土地，不仅孕育了厚重文化，而且养育了一方儿女。特别是东北抗联精神，在白山黑土之间被一代代传承光大，融入了龙江儿女的血脉，成为龙江人战胜一切艰难险阻的力量源泉。

1966年3月，王海威在龙江大地出生。他自小能吃苦、善学习，偶尔的调皮中也展现出独到的聪明和悟性。寒冷的冬季，他和小伙伴们一起爬雪山、堆雪人。夏天，则和小伙伴们在小河沟里钓鱼，自己用别针做的鱼钩，挖来蚯蚓穿在鱼钩上，都是很小的鱼、泥鳅、鲫瓜子……

“钓到鱼后，整点干草进行烧烤，虽然连盐都没有，但吃起来还是很香……”艰苦的环境和生活条件，磨炼了他的意志，也让他学会了苦中作乐，培养了乐观向上、积极努力的性格气质。

1983年，一次偶然的机会，17岁的王海威结识了中国烹饪大师张汝才先生，被其精湛的厨艺和美味可口的饭菜打动，遂决心拜师学艺，干起了别人都不愿从事的“挑水做饭”。干一行爱一行钻一行，凭着一股犟劲，他虚心向师傅学习，坚持边干边学边总结，很快从“配菜”变成了“掌勺”。在浑身油烟味的同时，他也已技艺在手。

/ 坚守30年，探寻“舌尖美味”/

1997年，王海威创办了第一家餐饮企业——北京新派八味珍餐饮有限公司；1999年，他被中国烹饪协会吸纳为团体会员；2004年，他参加第五届中国烹饪世界大赛，代表作品“八珍烧海参”“花雕凤吞燕”，以优异成绩荣获个人热菜金牌；2005年，他被中国烹饪协会授予首届“中华金厨奖”、最佳技术创新奖。

随着烹饪技艺的日益长进，王海威加强对传统烹饪“创造性转化、创新性发展”的学习探索，并立志为我国烹饪事业奉献一生。

“我国烹饪艺术的特征是以味为核心，以养为目的，即医食同源，味养兼修。古人总结了五谷为养、五果为助、五畜为益和五菜为充的理念。”

“南宋时期的思想家和哲学家朱熹有一家训‘饮食约而精，园蔬愈珍馐’，就是说饮食的原料应该是简单朴素的，但在制作上要讲究精细精美。这实际上是自孔子以来我国古圣先贤倡导的一种粗粮细作的饮食观……”

持续的学习和尝试，王海威的烹饪理念和技艺节节高升。他十多年如一日研制“中华名宴”——“佛跳墙”，深得其精髓。

佛跳墙，又名满坛香、福寿全，属闽菜系。相传在清朝道光年间由福州聚春园菜馆老板郑春发研制。佛跳墙富含营养，可促进发育，延缓衰老，增强免疫力，乃进补佳品。制作这道美食，工序十分烦琐，仅原料有十几种之多，鲍鱼、海参、鱼唇、牦牛皮胶等。要充分体现每一种食材的口味和特点，需要先将这十几种食材分别独立制作成一道菜，再汇聚到一起，加入高汤和绍兴酒，文火煨制十几个小时以上，这种味道才能真正达到醇厚的特点。

“质养兼修品，妙厨巧夺味”，是专家和广大消费者对王海威厨艺的赞誉，他在厨艺界的名望越来越大。

2010年，王海威荣获国际中餐名厨邀请赛“特金奖”；2012，他赴非洲进行中非文化交流美食访问，五年间足迹踏遍南部非洲大陆、大西洋沿岸及印度洋沿岸；2012年，他担任凤凰卫视欧洲年度美食节国际评委；2014

年，他再次当选中国烹饪协会名厨专业委员会委员；2015年，他担任“全国大能手”电视比赛评委；2016年6月，他获得世界中餐业联合会颁发的中华饮食传播贡献奖。

多年来，王海威先后出版了《健康家常菜》《中国烹饪大师作品专辑》《论创新菜的发展》《古往今来话八珍》等书籍和论文，数次受海外企业邀请进行中国烹饪技术与中国食文化的交流，多次接受中国烹饪协会委派，为中餐烹饪技能比赛、企业等级评定担任重要工作。

“王大师”“海威大师”的口碑，声名远播。在讲求传承和积淀的行业中，大师的称谓无疑是荣誉的象征。它既是对从业者深厚功底的一种肯定，也是对他们德行和胸怀的一份敬重。

对于大师之名，王海威始终“心怀敬畏”，他以“烹饪工匠”自称，认为烹饪艺术的世界学无止境，在传承中华饮食文化、传播中餐美食的道路上还有许多功课要做。

在一次“厨乡餐饮高峰论坛”上，王海威受邀以“从学徒工到烹饪艺术家”为题，用亲身经历阐述了历练为一名好厨师的心路历程。2019年，他又从三个方面，分享了作为一名烹饪工匠的格局思想与使命。

首先，要守住中国烹饪的根，中华饮食文化博大精深，绵延千年，正是烹饪行业得以传承发展、繁荣创新的根基，守住传统，守护文化，也就守住了餐饮人赖以生存和发展的根。

其次，要守住厨艺传承的道，中国烹饪技艺历来以师徒间的口传心授而传承至今，身正为师，学高为范，师傅很多时候传授的不只有精湛的厨艺，还有多年总结出来的为厨为人之道。要对厨师的称谓充满荣誉之感，对烹饪艺术存敬畏之心，对师傅怀感恩之情。

再次，要守住烹饪工匠的心。品质始终是菜品的灵魂，要以工匠之心，追求卓越的创造精神、精益求精的品质精神、用户至上的服务精神。对菜品精雕细琢，享受产品在双手中升华的过程，打造最优质产品。

/ 新品“八甲田”，“为爱做碗面” /

创业者是大众眼中的“强者”，但在现实面前却是不被理解、忍受孤独的“弱者”，王海威亦不例外。

走遍世界，已过“天命”的王海威，最大的愿望还是回到祖国，继续深耕餐饮行业，让更多国人品尝美食佳肴，经过多年酝酿和调研，他放弃高薪待遇、克服诸多困难，成立北京佰亿登餐饮管理有限公司，专注御厨八珍宴席的研究制作，打造“八甲田”餐饮品牌。

八甲田品牌，源自八甲田山。八甲田山是日本青森县著名的大雪山，也是最著名的观光景点，是“日本百名山”之一。每年冬天，当整个山脉被茫茫大雪覆盖时，这里便成了高山滑雪的天堂。

谈起“八甲田”，一碗拉面牵出的跨国师生缘友爱故事，引人入胜。几年前，王海威受邀来到日本进行中日美食文化交流活动，期间结识了青森拉面协会大西文雄，人称“拉面之神”。现年70余岁的大西会长的工匠精神深深打动了王海威，而大西文雄也高度认可王海威高超的烹饪技艺和对美食的挚爱之情，两人结下了深厚的师徒之情。

王海威非常希望美食能成为中日两国人民友好往来的纽带，也希望能让更多的国内美食爱好者品尝到地道青森拉面，萌生了将青森拉面带回国内的念头。这一想法得到大西文雄支持，他不仅将自己多年的制汤技艺毫无保留地传授给了王海威，还帮助其拿到了青森拉面协会的特许经营授权。经过3年的努力和筹备，王海威在北京开创了八甲田拉面旗舰店。

“八甲田”商标LOGO，左边是六条雪道，寓意创业如登山，虽步步艰难，但攀登巅峰方能看到绝美风景，“六”字则意喻“溜溜溜溜”“牛牛牛牛”“六六大顺”，右边是由不同大小、颜色各异的樱花组成的大写“八”字，既有博采众长、兼容并蓄之意，也借“八”字谐音“发”的吉祥，象征生意兴隆、财源茂盛。十分新颖、异常醒目。

“八甲田”品牌的横空出世，犹如八甲田山一般巍然耸立，在国内纷繁复杂的众多拉面品牌中让人过目不忘，既有深远寓意，也饱含促进两国人民友好往来的殷殷期望。

2020年，王海威分别在餐饮、食品、广告宣传等类别上，申请注册了“八甲田”图形、文字和拼音商标。踩在了法律节奏上的“八甲田”，更加注重秉承“暖心便捷、健康美味”理念，坚信“一碗好面、心中有爱、自然有声”。其采用的白汤，精选猪骨、各类鱼骨及其他配料，经8小时熬制而成。汤内含软骨素和钙质等营养物质，对人体骨骼健康极为有益。

关于拉面，王海威如数家珍：“其实，殊不知，日本拉面源自中国。日本最早关于中国面条的记载是明朝遗臣朱舜水流亡到日本后，用面条来款待日本江户时代的大名——水户藩藩主德川光国。在日本明治时代早期，拉面是横滨中华街常见食品。1900年，来自上海和广东的中国人在日本卖切面，配以简单汤底和配料。在昭和年间，拉面开始在日本流行。”

“事实上，在日本的三大面——乌冬面、拉面、荞麦面中，只有荞麦面勉强可以算得上是日本传统面食，而中华料理中为人所熟知的拉面，正是现今日本拉面的前身。据说，因为不用刀切，由厨师用手拉扯而成的面条，所以称为拉面。”

“当时的日本人称拉面为‘龙面’，也就是指龙吃的面（龙的传人）。而且当时的店主人和店员都以中国式服装作为制服。之后，传统拉面经过日本人不断改良与创造，成了今天独有风味的一种面食，其影响力扩展到世界。”

厨下烹鲜，门庭成市开华宴。暖暖的大碗，热热的面条，纯纯的味道，这碗面给家人不凑合，给顾客太安心，盛满的全是“爱”——热爱、仁爱、博爱。

为此，一位友人创作了一首小诗《为爱做碗面》：“一生中，遇到爱的人，就不要错过了。遇到对的事，就不要犹豫了。遇到心仪的味道，就不要忘记了……”

未来，王海威的愿望是开设100家“八甲田”拉面馆，让更多的人在家门口就能品尝到正宗美味的快餐食品，更好满足人们对美好饮食的需求，更加健康快乐。

王海威，海纳百川，威名天下。

（文中图片等资料由主人公提供）

小面鲜生：
一碗石锅鲜汤面“四大锦囊”把爱带回你身边

唐峰

“小面鲜生”商标品牌创始人

“每日学习”，经科文史、边学边记、雷打不动；

“每日鲜语”，饱含哲理、引人深思、催人奋进；

“每日劳作”，不怕吃苦、无畏艰辛、乐在其中；

一位学习不止、创业不止、追求不止的美食爱好者，把简简单单的一碗面，用真爱、真心和真情做到了食客心坎里，成为快餐领域一道亮丽风景线。

他，就是“小面鲜生”商标品牌创始人唐峰。

/ 兼职顾家，拼命赚钱——活出“下岗工人”最好模样 /

古九州之一——山东兖州，历史文化悠久，儒家文化盛行。“兖”字，来源于兖水。传说大禹治水成功后，划天下之地为九州，兖州即为其一。这里不仅九州文化、大禹文化等交相辉映，而且世世代代的人们非常重视个人品格修养和道德完善。

1975年，唐峰出生在兖州一个工人家庭，排行老三。父母从小注重对兄弟三人言传身教，崇贤尚文、尊师重教、诚实守信等良好乡风民俗和家风家教，为他们的成长成人成才扣好了人生“第一粒扣子”。

童年时代，唐峰就明理懂事、勤快上进；学生时代，他刻苦努力、勤工俭学，是父母亲友眼里“省心”的好孩子。目睹生活艰辛的他，为了减轻家庭负担，利用暑假寒假打工挣钱。

商业技校毕业后，唐峰没有在家坐等分配工作，而是四处打听怎样才能挣到钱。通过朋友介绍，他找到一份安装空调的工作，从跟着师傅学习，到学成之后与师兄一起安装，再到自己带徒弟，虽然非常辛苦，但是他很自豪，毕竟是第一次当师傅了。

1993年，唐峰分到了父母所在单位——山东兖州肉类联合加工厂。从学徒工开始，他跟着师傅在万吨大冷库机房里学习制冷技术。虽然整天在轰隆隆的噪声下工作，但能够在国有单位上班却是一件非常荣耀的事情。

短暂的自豪感，就被24小时连轴转，黑白两班倒，日复一日、平平淡淡的厌倦感替代。聊起工作之初，唐峰记忆犹新：“那时，虽然没有什么压力，但由于学历低，身感知识贫乏，我报考了两年制业余电大财会班。同时，工作之余继续安装空调赚外快。最多一个月3000多元，让我难忘的是给家里买了第一台电冰箱，2400元，当时我每月工资只有260元，满满的成就感……”

那段时间，为了赚更多钱来实现梦想，唐峰白天安装空调，夜里坚持上班，一天到晚忙个不停，时间一长，身体吃不消。当时，高空作业没什么防护措施，时常心惊胆战、两腿发软。一次，他突然晕倒在地，满嘴流血，造成唇部受伤，缝了几针，至今想起来让人后怕。

20世纪90年代中期，市场经济“风起云涌”，老牌国有企业由于体制僵化，效益急剧下滑，一天不如一天。一些人混天撩日，有的当一天和尚撞一天钟混到退休，有的搞副业谋后路。过了一年多，“下岗潮”袭来。

不安现状，心比天高。唐峰对自己有自知之明，他主动报名，自愿成为第一批下岗工人，结束了令人羡慕的“铁饭碗”，开始“下海”自谋生路。

/ 历经艰辛，取得真经——先苦后甜走上餐饮创业路 /

21岁，风华正茂，雄心勃勃，青春正当年。

那年，一位亲友的餐馆急需转让，想交给唐峰家继续经营。父母意见明确：没有从商经验，不会干啊。那位亲友却说：叫老三干，他准行。家人深知，唐峰最小，连烧水都不知道开，怎么干餐饮？那位亲友说，你们如果不干，就帮忙给处理了吧，边说边把餐馆钥匙放下，远赴外地打工了。

赶鸭子上架，是挑战也是机遇。唐峰勇敢接过这个“烫手山芋”，他找来内行朋友帮助指导，经过一段时间装修和准备，一个100多平方米的小餐馆开张了。由于对餐饮一窍不通，他只能凭着吃苦耐劳的精神，一边在后台跟着师傅学厨艺，一边在前台招呼着来往顾客，典型的上得厅堂下得厨房“店小二”。

一晃三年多，生意一般，前景未卜。在家人劝说下，唐峰决心出去闯一闯，见见世面。他把餐馆租给别人打理，告别故乡，背上行囊，开始人生第一次北漂。

2000年春节刚过，春寒料峭，北京的天气寒风刺骨，唐峰独自一人行走在街头，心情与天气一样冰冷。由于普通话不标准，公交车不知怎么坐，闹了很多笑话。当时，他形容自己就像无头苍蝇一样四处找工作，一天不知吃了多少闭门羹。两个月，换了三家店。

让唐峰放弃打工念头，缘于为了多学手艺，给大厨洗工作服：“有一次，他竟然让我给他洗内裤，我感到自尊受到侮辱，没有答应。之后，他处处找茬，后来发生口角，我们打了起来……”

塞翁失马，因祸得福。一次偶然机会，唐峰发现一个叫草原小肥羊餐饮项目，模式新颖，口味棒，很适合老家市场。反复考察后，他与老板洽谈加盟之事。

事业初创，好事连连。随着草原小肥羊开张，唐峰坦言，人生的一个重要人物出现了：“她就是我的老婆，事业的好帮手，也许是因为她属羊，我们又经营了小肥羊火锅项目，老婆带来了财运，生意火爆，每天顾客排不上队，很快就扩大经营面积，在当地掀起一股旋风。女儿羊年出生，小名羊羊，寓意‘三羊开泰’。直到2003年，非典突袭，生意遭遇困境……”

商场如战场，真的是瞬息万变，不确定的因素常常令人猝不及防。由于政府规划，火锅店拆迁，唐峰夫妻俩把1岁小羊羊交给父母照看，走南闯北去考察国内名优火锅项目。他们选择重庆秦妈火锅，落地新的城市，由于第一次在外地创业，只凭着一股闯劲风风火火干起来。人生地不熟，处处碰壁，事事受阻，开张3年左右，再次遭遇店面拆迁。不甘心、不服输的夫妻俩，很快又经营了一家特色农家乐品牌——辣椒炒肉……

“那些年，生意做得虽然有些成效，但身心劳累，一天到晚像灭火队员一样忙个不停，从这家店到那家店，只看到员工缺点，却看不到他们优点。焦头烂额、心力交瘁，各店业绩也不太稳定。”夜深人静时，唐峰反思一路走来的坎坎坷坷。

2014年，一次偶然机会，唐峰陪女儿参加苏老师的小鹰训练营，陪老婆参加苏老师的思维导图训练营。面对昂贵的课程，他从怀疑反对到半信半疑，到加入思维商学院，改变就在每一天。

知识就是财富。在新理念指导下，唐峰和团队打造的“辣八戒”品牌“励志风干鸡”系列美食畅销全国各地，收入高于同行业20%—50%。

此刻，在快餐行业的大海上，唐峰创新思维和营销思路如泉水涌动，一发不可收……

/ 快餐专家“四大锦囊”——把真爱带给忙碌的人 /

18年餐饮创业路，尝遍美食百味，也尝遍千辛万苦，唐峰深知美味与健康的重要性，他始终以“让忙碌的人们也能在美味中获得均衡的营养”为使命，将临床营养学的知识、现代人工智能算法与面食世家的传统技艺融合，努力成为中式均衡营养快餐的领导者。

2014年，作为现代时尚中式快餐连锁品牌，唐峰孕育已久的“小面鲜生”“破腹”而出，北京小面鲜生餐饮管理有限公司横空出世。

原来，作为地道中国暖男，唐峰总是会用多种方式给老婆惊喜。老婆爱吃韩式面，但国内又很少有正宗韩面餐厅。为此，他瞒着老婆跑到韩国学习韩面制作方法。回国当天，他便结合我国饮食文化进行创新性发展、创造性转化，迫不及待做了一碗面，老婆先是惊讶后又惊喜，一口气吃了个精光。夫妻俩顿悟，真爱，不一定非要肉麻的表白，也可以是一份贴心的惊喜，还可以是一碗暖男的骨汤面。何不以爱之名，开一家餐厅，让爱传递。这便是“小面鲜生”的由来。

“小面，明确地表达出本品牌是以面食为特色的中式快餐；鲜生，则直接传达了食材新鲜的概念，是餐品品质的表达。同时‘鲜生’与‘先生’同音，意味着我们的小面有讲究有品位，是快餐专家。其英文名称Noodle Master；其品牌的客户心智定位为‘营养均衡的美味中式快餐连锁品牌’。有两点需要说明，一是饮食营养均衡是健康的基本保障，有着科学的含义和指标。每个人的身高、体重、性别、年龄、运动量等情况不同，所需要的营养也不同，因此营养均衡是个性化的。只有在融合现代技术和临床营养学的前提下才能实现。二是快餐，尤其是米面类快餐，对大多数人而言一般是营养不均衡的，主要是碳水化合物超标，而蛋白质等营养不足，这几乎是快餐通病。小面鲜生则以营养均衡的“DNA”明确区别于一般快餐……”对于这个商标品牌，唐峰格外用心、格外看重。

如同“小面鲜生”的商标品牌一样，其“一碗美味、营养均衡”的口号，“做中式均衡营养快餐的领导者”的愿景，“专业洁净、简约时尚”的LOGO形象，“小面鲜生、因爱而生”的文化，同样内涵丰富、易记易看，给人独具匠心、与众不同的深刻印象。随后，唐峰将相关名称、LOGO等在第43类、第35类等服务项目上申请注册了商标。

商海沉浮、摸爬滚打，唐峰不仅逐渐掌握生意人的“赚钱”逻辑，而且越来越具备企业家的“商业”思维。“三大核心端”相互关联、同样重要，既要把知识产权作为核心端，更要把好烹饪工艺和食材质量两个核心端。为此，他带领团队摸索创新的“四大锦囊”，凸显其精心精道精致。

锦囊一，农夫山泉水熬汤。每一碗面都是公司的价值观，一碗好吃的面，面汤作用非常大。用农夫山泉水熬汤，虽然成本较高，利润会打折扣，但为了让面汤更鲜美，唐峰执意坚持。

锦囊二，阳光澳麦和五常稻花香大米。面粉由济南17粉芯粉和阳光澳麦混制而成，配合价值400万元的生产线，经过12道压延，面粉变成面条，直径1.5毫米，含水量23%的半干面，拥有“超A”级身材。五常稻花香大米，素有“皇室贡米”之称，味道更地道。

锦囊三，石锅锁鲜。餐饮业有个俗语叫“一热顶三鲜”，而且热的食品对健康有好处，让客户能像在家里吃饭一样，像妈妈做的饭一样，从头到尾都暖暖呼呼、舒舒服服。为此，针对有的顾客吃得比较慢，后来面凉了，温度的变化让口感大打折扣。唐峰选择有很好保温作用的石锅，确保温度保持在65℃以上。

锦囊四，温馨服务。现代社会，忙碌的人们，特别是外出打工的群体，缺乏应有的关心和理解。小面鲜生营造宾至如归的氛围，在满脸笑容状态下吃面，能够更好享受到食物带来的愉悦。他们周到热情的服务，多一度的关心，让每个来店的食客感受到暖上加暖的超级幸福。

如今，“小面鲜生”立体化的暖男品牌形象，不仅吸引越来越多食客，更赢得了餐饮经营者和投资人兴趣。目前，数十家“小面鲜生”已在北京、河南、山东等地开张营业。善于把握“火候”的唐峰，头脑清醒，不愿盲目扩张，始终控制事业发展节奏，把质量放在第一位。

“偷偷地，把爱融进面里，

当我把它端到你面前的时候，

我暗自欣喜，

因为，你很快就可以，

尝到我的真心！”

每日充满人文关怀和哲理思辨的“鲜语”，配合美味可口的“小面鲜生”，如同每天步履不停的唐峰一样，给身边的人以温暖、以激励、以期待……

（文中图片等资料由主人公提供）

小众书坊：
“四大特色”让热爱与众不同

彭明榜

“小众书坊”商标品牌创始人

北京小众雅集文化传媒有限公司联合创始人

如果人生用文学注脚，那么诗歌就是开始，传记就是结束。

生活不是只有柴米油盐，还有诗和远方。

心中没有诗歌，就像地上没有花朵……

这些饱含哲理的优美语言，让笔者回味无穷、如沐春风，始缘于一次偶然的机会，走近“小众书坊”，结识了它的创始人——北京小众雅集文化传媒有限公司联合创始人彭明榜。

这家坐落在北京市东城区后圆恩寺胡同甲1号，位于南锣鼓巷附近一座四合院内的书店，犹如人声鼎沸中一处远离尘嚣的“桃花源”，不仅蕴藏着丰富的文化知识，还具有无以言说的心灵抚慰功能，其中“四大特色”让人印象深刻。

/ 特色之一——“半百之年”执意破壁 /

夏伯渝，26岁被迫截肢，69岁站在珠峰之巅，成为中国残疾人登顶珠峰第一人；张博，52岁考飞行驾照，54岁完成第一次环球飞行……

在听到他们的故事之前，我们想象不到人生居然还可以这样；在听到他们的故事之后，我们感叹人生居然还可以这样。

在出版领域工作多年，事业单位、收入稳定、业务娴熟，却在53岁时选择辞职创业，执意破壁，其背后是什么原因或逻辑？

彭明榜，1964年出生在贵州省一个普通农村家庭，中学时就喜欢文学，因为偏科严重以0.7分之差与大学“擦肩而过”，被黔南民族师范专科学校（今黔南民族师范学院）录取。毕业后，他被分配到姚哨中学教书，出了学校的一圈围墙就是大片的水田和村庄。他知道，人生不能让这一小圈围墙圈住。

为此，彭明榜不顾一切地努力学习和疯狂工作，他订购了很多诗歌刊物，不仅成了一位狂热的诗歌读者，而且是领导和同事眼中的“先进分子”。当他在报纸上看到西南三省省委党校联合开办研究生班的消息，便毅然报考，之后成为贵州省委党校党建教研室的一名教员。

一位农民的孩子，成为省委党校老师，或许在外人看来已经“飞黄腾达”了，彭明榜却仍然觉得内心无处安放——“当时，那里太清闲了，有很多时间无所事事”。他又报考了博士研究生，拿到法学博士学位后进入中国青年杂志社，做了15年媒体人。其中8年担任《中国青年》编辑部主任，在周而复始的工作中，他亲力亲为做了200多期杂志，至今让人津津乐道。

从偏科生到博士，从文学爱好者到媒体人，彭明榜的人生可谓“逆袭成功”。2015年，并不认识一个诗人的他，策划并责编了“中国好诗·第一季”（10种）和《2016天天诗历》；2016年，责编了“中国好诗·第二季”（10种）和《2017天天诗历》。这套丛书和诗历获得广泛认可，从此他重新找到了年少时对于诗歌的热情。有5年左右时间，他阅读了很多国外著名诗人作品，也曾手抄过《舒婷顾城诗选》、泰戈尔的《飞鸟集》等。

然而，2016年底，彭明榜回望人生。儿子已经上大学，再有几年自己就该退休了，之后我干什么去？不能整天用晒太阳来打发日子吧？

基于对诗歌的热爱和对出版业的判断，彭明榜认为：“在文学出版领域，小说、散文、儿童文学等领域竞争激烈，诗歌领域的中国古典诗歌和外国经典诗歌也已进入大众出版范畴，竞争也已有一定烈度，只有中国新诗的出版仍是一个洼地，多数出版机构都不屑进入，因为这个领域在大家的眼里不挣钱，事实上也挣不了大钱。但从出版价值而言，诗歌对于社会整体和读者个体的精神塑造作用，是其他文学形式不能比拟的，总得有人不因其挣钱少而去做。更重要的是我还想延续我所热爱的编辑生涯。于是，我下决心要创办一个合资的出版机构……”

目的明确、决心坚定、思路清醒。在亲友一片“反对声”中，不安分的彭明榜毅然辞职。幸运的是，他的“偏执”得到了天津“跨界书店”创办人张虹女士和“老东家”中国青年出版社皮均先生的支持。2017年5月1日，他们携手创办了北京小众雅集文化传媒有限公司。

/ 特色之二——“独创LOGO”鲜明醒目 /

“破壁”勇气可嘉，行动步履维艰。

彭明榜一边选址，一边筹资，一边办理各种手续。为了尽快起步，他给书店定的目标是一天来到店里的读者不超过20人——“做北京最清静的书店”。简约轻盈美观的标识设计灵感，由此而来。

“‘小众书坊’本来是我一个公众号名字，其LOGO由文字‘小众书坊’和阶梯图形、汉译英文组合而成，文字寓意是一个以小众读者为对象的书店。因为任何小众的东西都有其存在价值，在庞大人口基数下小众群体数量也会十分可观；‘坊’代表了一种工匠精神，所以我希望我可以像手工匠人一样打磨我编辑的每一句话、每一本书；以书籍剪影设计的阶梯图形，则意喻书籍是人类进步的阶梯；英文，则是‘小众书坊’的翻译……”

对于“小众书坊”的英文翻译，彭明榜坚持译为“Poetic Books”，意思有两点，一是指书店卖诗意的书，二是指要诗意地做书。现在的“小众书坊”，实际是两个品牌，一个是作为实体的诗歌书店的品牌，另一个是作为出版诗歌读物的品牌。

谈起“小众书坊”，彭明榜如数家珍。他深知这是自己的独创原创，是自己的知识产权，所以倍加珍爱和呵护。确定其作为标识后，便很快在第16类、第35类、第41类等相关类别上申请注册商标，得到国家有关部门核准。

办一家实体书店，特别是独立书店，彭明榜认为适合于“不大不小”。他解释道，所谓“不大”，就是营业面积不宜过大，书毕竟是小本生意，支撑不起过大营业面积。而且一些很“美”很大的书店，从一个读者选书购书体验来说，并不见得多好，只是让人眩目而已；所谓“不小”，就是营业面积也不宜过小，太小了没法做活动，发挥不出书店作为公共文化空间的职能，很难产生影响力，也很难带来有效销售，其结果往往会挣扎在生存的困境之中。

为了把实体书店做“实”，彭明榜多管齐下，在书上下功夫，用好书将其充实，不断提升精准选书、精准服务读者能力。主题书店或许是大城市里一些独立书店现实可行的选择，它既划定了图书范围，也圈定了特定读者群体，同时也从大量同质化书店中脱颖而出。

为此，彭明榜选择了100多平方米的书店，其装修风格、内部布置、图书选购等，都紧紧围绕小众书坊的商标品牌进行，实现了相互映照、相得益彰的文化气质等综合效果。

一踏进大门，你就会被一整面墙的海报所吸引，是文艺青年喜欢的感觉。来到书店里，一整面的诗歌书墙让人震撼，简洁的原木风，没有让装潢喧宾夺主。诗墙对面，是咖啡台。所有书籍都是彭明榜和同事精挑细选的，小众而又美好。有读者第一次进来，总会显露出一种“发现后的惊喜”表情。

“彭生志在绝韦编，座上无人不草玄。眼角朝天唯小众，书坊闹市种芝田。”浙江美术馆前馆长斯舜威耳闻目睹小众书坊后，即兴赋诗一首。

/ 特色之三——“诗歌主题”活动吸粉 /

“我就要动身走了，去茵纳斯弗利岛，搭起一个小屋子，筑起泥笆房；支起九行云豆架，一排蜜蜂巢，独个儿住着，阴影下听蜂群歌唱……”

有人深情朗诵诗歌，有人讲述诗歌背后故事，也有人解读诗歌创作感悟，还有作者签名售书；有线下作者与读者见面会，也有线上交流互动……

“小众书坊”开业不久，不仅营造了这样一个书店环境，还有了自主品牌的书，也很快有了一批热爱诗歌的忠实读者群体。彭明榜便开始围绕诗歌和文学主题高频次开展各种活动。

以活动吸引读者，精准培养忠实粉丝。疫情之前，彭明榜每周末举办两次诗歌主题活动，一门心思想成为举办活动数量最多的书店。如诗歌朗读会、诗人见面会、新书发布会等，客观上也提高了图书销量。为此，他和同事没有周末和节假日，不是在组织活动，就是在策划活动、联系作者，忙得不可开交，却亦乐在其中。

经过一段时间运营，彭明榜对“诗歌主题”优质的内容选择、创意的活动策划、邀请有影响力的专家“坐堂”等能力也越来越强。

让读者与一本好书相遇，是小众书坊始终不渝的初心和情怀。为此，彭明榜牢牢把握“四个重点”，一是诗歌主题的定位，使其成为国内诗歌作者和读者都知晓的主题书店；二是优质图书的选品，不仅重视好的内容，还重视好的装帧设计，体现真正有诗意的较高品位；三是高频次开展活动，使其成为京城诗歌和文学的活动中心，并带动图书有效销售；四是线上线下互动，不只是在实体店销售，还通过微信公众号带动淘宝店和京东商城上的小众雅集图书专营店销售，服务全国诗歌读者。

之所以定位“诗歌主题”，彭明榜有自己的理解，通常来说，每一个类型的书都会有它特定的读者群体，但诗歌不会。人人都可以写诗，人人也都可以读诗。这个世界存在职业作家，但并不存在职业诗人，因为写诗是一种精神层面上的表达，而这种表达是人人平等的，写诗尚且这样，读诗亦如此。“只要喜欢诗，你就是我们的服务对象。诗歌是慈悲的，它会眷恋每一个喜欢它的人。”

其实，小众书坊不仅只有诗歌，还有一些有力量有深度的文学作品，前一阵爆火的《人世间》，这里就有梁晓声老师的签名本，以及李洱的《遗忘》、邱华栋的《十侠》等，原价售卖，既地道又良心，因为有些作家的签名本是颇有附加价值的，不是所有的读者都能有的一种福利。

2019年、2020年，小众书坊连续两年被北京市委宣传部表彰为“北京市特色书店”，被北京广播电视台推荐为“北京网红打卡地”。让彭明榜深感欣慰的是，小众书坊的留言簿上写下了很多读者留言，还有诗人、作家们的墨痕，成为时代的独特见证。

随着事业发展，受地理位置和店面空间限制，小众书坊无法满足越来越多读者参加活动。2019年12月，彭明榜在离小众书坊很近的雍和宫旁边开了一家以发售签名版图书为主题的独立书店——雍和书庭。

突然而至的新冠疫情，给两家书店当头一棒。2022年上半年，总营业收入才100多万元，抛去人员、店面、图书成本，利润微乎其微。

“光有情怀，经营不好书店。”文化信息是书籍最主要的价值，纸质图书归根结底是一种媒介，而媒介整体趋势是多元融合。从供给侧来看，数字出版增加，图书逐渐向流媒体转变，线上资源易得，阅读成本低；从需求侧来看，书店在提供阅读空间的同时，其场地限制是天生短板，阅读正在被更便利化、碎片化方式替代。

没有资本加持的单个实体书店将向何处去？彭明榜不停地思考和探索。

/ 特色之四——“前店后社”强化竞争 /

“前店后社”的设置，是彭明榜创业之初的规划和布局，也是“小众书坊”的突出特色。

“我的初衷是不想在写字楼里办公，我要租个地方开书店，公司就在书店里办公，等于是把租写字楼办公场地的费用挪来开了一家书店，也就是‘前店后社’，书店是公司的标配。”

“‘实体书店+图书策划’，这可能是我们和其他独立书店不一样的地方，我们不仅卖书，还出书。小众书坊的员工，都是具有一定从业经验的编辑。在书店业务不忙时，书店店员就摇身一变成为策划编辑，参与自有品牌策划当中。采取这种模式，会极大减少场地和人员成本，也是疫情期间我们生存下去的一个重要因素。”彭明榜对此认知清醒而深刻。

作为一家专注策划出版诗集、推广诗意生活的图书公司，他们已连续出版至第六季的“中国好诗”系列和每年都如期而至的《天天诗历》《诗词日历》，以及其他一些诗集，在诗人和读者心目中已然建立信任，小众书坊确实算得上一个诗歌策划出版品牌。

小众书坊出版的图书装帧设计精美、质量一流，得益于实力超群的设

计排版工作室。设计总监孙初，具有与众不同的“天赋”，他和一般的平面设计师不一样，除了是一位视觉艺术家，还是一位画家，不仅能画中国传统水墨画，还能用多种材质创作当代艺术。在他身体里，能明显看到传统与创新的糅杂、东方与西方的交织。他经常一手执毛笔，一手握鼠标，是一个在绘画和设计两端寻找平衡的两栖艺术家。小众书坊创办至今，策划出品的读物，其封面设计和内文模板都出自他本人。

在大多数出版机构都不“养”设计师的当下，小众书坊拥有孙初这样一位独一无二艺术家设计师，就拥有了一种难得的核心竞争力。

对于选题和内容，彭明榜依然坚持“高标准”——“如果这个诗人经过了创作巅峰期，没有什么好作品，即使名气再大，我们也会将其排除在外。”多年来，他和同事为很多之前默默无闻的诗坛新星，像王丹丹、白庆国等提供了一个良好平台，也让读者看到了现当代还有很多优秀诗人在进行诗歌创作。“在编辑过程中，我们对已过世诗人的诗集也会一并收录进来。”一般来说，出版公司出于经济效益的考量是不会将这类作品进行出版。“对于一个人来说，善后就是处理他的财产；而对于一个诗人来说，诗歌就是他这一辈子最宝贵的财富，作为出版人，我们应该担负起这样的责任。”

让书店成为对外展示的窗口，为读者提供接触书籍、体验阅读的机会，而出版物通过各渠道盈利给予小众书坊经营的底气。

书店虽然魅力独特，但彭明榜却不建议年轻人去开书店。“人要有梦想，但也要有为梦想买单的能力。既要有诗意浪漫，也要有现实考量。”2021年，他曾和朋友开办了一家主题书店，因运营不善，赔进去50多万元。

进入新时代，一方面人民对美好精神文化生活的需求愈加强劲，各级政府高度重视实体书店建设，助推全民阅读习惯养成。以北京为例，全市构筑了完善的实体书店建设发展政策体系，涵盖实体书店审批、建设、扶持等多个环节，形成了一套上下贯通的工作推进机制，实体书店发展具备有利的外部环境。

另一方面，在碎片化阅读盛行、网络购物已成生活方式、疫情反复的当下，实体书店的生存却是艰难而现实的。

面对未来，彭明榜说：“只有让书店真正融入百姓生活当中，成为一种日常性服务，书店才能持续发展。书店要实现的是一种文化价值，光靠‘颜值’救不了实体书店，书籍和知识才是书店受青睐的根本原因。从这个层面来说，我们要打造的不仅是高雅的‘文化客厅’，而是通俗的‘文化餐厅’，而在这个文化餐厅中，我们可以有无限的可能。我的心愿就是，为纯粹的书店找出一个良性循环的经营模式……”

“出路一定存在！”关键是如何精准挖掘需求、聚拢适合自己业态的顾客圈层。

关于自己的人生，彭明榜坦言，一生只为两件事——诗歌和出版。用他自己的话来说，他的人生就是一个破壁过程。“人生的壁无处不在，破壁的前提是要意识到有壁的存在，而且也并不是每个人都有逃离舒适圈的勇气。”

“春有百花秋有月，夏有凉风冬有雪。”“诗是吾家事”，小众书坊以其诗歌主题，成为全国诗歌爱好者、诗人、作家“自己的书店”。

“如果世界上有天堂，那一定是图书馆的模样。”彭明榜以其年过五旬的破壁经历启迪人们，年龄与皱纹无关，与心灵有关，只要有梦想，什么时间都可以重新出发。

青春不能停留，那就让书香永远陪伴吧！

（文中图片等资料由主人公提供）

伊泓远

伊泓远：歌声如泓，悠扬致远

伊泓远

“伊泓远”商标品牌创始人

中国歌剧舞剧院歌唱演员

“红岩上红梅开，千里冰霜脚下踩，三九严寒何所惧，一片丹心向阳开……”

伴着耳熟能详的《红梅赞》，大型民族歌剧《江姐》与它所塑造的光辉形象，带着一缕红梅的清香，走过了半个多世纪时光，成为亿万国人心中的“天籁之音”。

近年来，一位歌唱演员通过演“江姐”、学“江姐”、做“江姐”，不仅提高了演唱技术、艺术水准，更强化了作为一名共产党员的初心使命。其主要代表作还有歌剧《守望长空》《星星之火》等，歌曲《锦上添花》《幸福时代》《婆婆就是妈》《感谢你》《蝶之舞》等，成为广大观众喜爱的演唱红色经典歌曲的歌唱家。

她，就是中国歌剧舞剧院女高音歌唱家，原中国人民解放军空政文工团独唱演员，第五代“江姐”扮演者伊泓远。一次二等功、两次三等功，文化部第十届全国声乐大赛“文华奖”金奖（2012年）、第六届中国音乐“金钟奖”银奖、“中国新十大女高音歌唱家”……是对她孜孜以求、勤奋上进的见证和褒奖。

/“音乐之家”成就儿时梦想 /

伊泓远出生在黑龙江省海伦市，母亲是海伦市人民艺术剧院的琵琶演奏师。受母亲的影响和环境的熏陶，在“戏园子”里长大的她从小就对音乐产生了浓厚兴趣。

5岁那年，伊泓远像往常一样跟着妈妈去剧团看戏，但上演的一部拉场戏中扮演“春妹”的演员迟迟未到，心急如火的导演在后台团团转，忽然眼前一亮，看到了大眼睛忽闪忽闪的小泓远：“快上场，你就是小春妹了。”

简单“说戏”后，小泓远被推上场，当戏中的父亲要把母亲卖掉时，她的眼泪夺眶而出……演出获得意想不到的成功。

一场“救急”，让“小春妹”爱上了舞台，一个唱歌的梦想悄然在小泓远心中萌芽。

“台上一分钟，台下十年功。”身为演员的母亲却不愿意自己的孩子学唱歌，她深知背后的艰辛。然而，对音乐的向往却让小泓远痴迷，她常常背着母亲去音乐班学唱歌。

真情像梅花开过，冷冷冰雪不能淹没。当时，老师认定小泓远是棵好苗子，下决心培养她。半年后，海伦市举办首届青少年歌手电视大奖赛，伊泓远捧回金奖，后来又参加绥化市歌手大奖赛再获金奖。老师欣慰地笑了，母亲也被感动了，亲自将她送到了海伦市新时代少儿艺术中心，系统学习声乐演唱艺术。

七年寒窗学艺，伊泓远在乐理知识及声乐方面有了很大进步。后来，她拜师黑龙江省歌舞剧院著名歌唱家曲冬梅和哈尔滨师范大学艺术学院谢艳丽，演唱技巧不断升华。

2001年，伊泓远考入沈阳音乐学院，师从原沈阳音乐学院院长、男高音歌唱家、声乐教育家刘辉教授。在校期间她把全部心思都用在学习上，也是待在琴房里时间最长的学生。入了党，拿了特等奖学金，被表彰为全省“三好学生”……

功夫不负有心人，经过四年苦练，已经破茧化蝶的伊泓远今非昔比。“她那亮丽柔美的天籁之声，将美妙动听的歌声洒向人间，飘向四方……”看过她演出的观众赞不绝口。

/“最美歌声”献给最可爱的人 /

花若盛开，蝴蝶涌来。

2005年，面对多家单位抛来“橄榄枝”，学有所成的伊泓远坚定选择了空政文工团，成为一名空军战士，一名专职独唱演员。

军人、演员，是岗位，更是挑战，双重身份，双重职责。然而，半年时间，伊泓远却没有接到一场演出，这对于一个积极进取的演员来说，是一个不小的打击。

“感谢女高音歌唱家、国家一级演员、第四代‘江姐’的扮演者铁金老师，在我迷茫时指点了我，她说做演员不容易，做一名出色的军旅歌唱演员更不容易，只有做最好的自己，才能在机遇来临时抓住它。”谈起从军之初，伊泓远平和优雅、充满感恩。

七个月后，中央电视台举办第十二届全国青年歌手电视大奖赛，伊泓远被选为空政文工团演员代表，首次参赛便获得民族唱法组个人决赛优秀奖。紧接着，她又在第六届中国音乐“金钟奖”比赛中获银奖，而有幸成为“第五代江姐”更成为她事业的一个高起点。

2007年，空政文工团准备第五次复排《江姐》，全团上下都在为选择“江姐”人选忙碌，上级提出面向全国选拔。经过上百人层层遴选，伊泓远成为最年轻的“第五代江姐”。

提及歌剧《江姐》，伊泓远神采奕奕：“我和江姐的渊源由来已久，小时候看妈妈所在文工团排演《江姐》，便对江姐的英雄形象极为敬仰，后来又曾在大学期间排演过，但是能成为‘第五代江姐’，却是连做梦也没想到的事情。”

歌剧《江姐》，是20世纪60年代，由空政文工团阎肃根据罗广斌、杨益言的小说《红岩》中江姐的故事改编创作，羊鸣、姜春阳、金砂三位作曲家共同谱曲。在那个激情燃烧的岁月里，几度修改完善，一步步打磨成艺术精品，凝聚了数代人的心血和汗水。

1964年，毛主席、周总理等党和国家领导人观看《江姐》后，毛主席在中南海接见阎肃，并赠给他一套亲笔签名的《毛泽东选集》，勉励他写出更多作品，为社会主义文艺事业做出更大贡献。这一光荣时刻，更化作了空政文工团永远的珍贵记忆，也激励着伊泓远和她的战友们在追求艺术高峰的道路上永不懈怠。

“压力大，更要动力大。”伊泓远拿出在学校时的刻苦劲头，翻看大量有关江姐资料、反复温习相关剧目，揣摩人物心态，既要熟练背记台词，更要走进人物内心。在去重庆渣滓洞体验生活时，她既身入更心入，不断加深对江姐当时生活现状、心理状态、革命意志、信仰力量的感受。

“再次回到舞台，我状态彻底改变了。我觉得我不是在演这个角色了，而站在这个舞台上，我觉得我就是江姐，完全投入角色中。同时作为一名军人，我对忠诚的理解更加深刻。”伊泓远带着对江姐的敬仰，对战友们的深情，上高原、下海岛、赴边防慰问演出，不怕苦不怕累，把悠扬的歌声送进军营、送到哨位，用主旋律的文化艺术为提升部队战斗力“鼓劲加油”，被战友们誉为军营中的“百灵鸟”。

延续艺术薪火、传承红色基因。作为播火者，伊泓远在浮躁的时代为官兵带来心灵震撼，为强国强军注入强心剂。

/“守正创新”打造民族艺术品牌 /

民族歌剧，历来被誉为音乐创作皇冠上的明珠。

党的十八大以来，尤其是习近平总书记主持召开文艺工作座谈会后，民族歌剧繁荣发展不断取得新成就。《党的女儿》《江姐》等经典歌剧不断复排，《运河谣》《沂蒙山》等优秀创作剧目层出不穷。伊泓远对民族歌剧的未来，充满信心与期待。

2019年，伊泓远脱下心爱的军装，转业到中国歌剧舞剧院。此时，离她第一次出演“江姐”已过去12年。然而，艺术的机缘，让她再次与“江姐”在舞台上重逢。

2021年，歌剧《江姐》入选“庆祝中国共产党成立100周年优秀舞台艺术作品展演”重点剧目，伊泓远在中国歌剧舞剧院这一国家级院团平台上继续出演《江姐》。

逝去的是时光，增长的是阅历。“江姐是一名伟大的革命者，也是一位妻子、一位母亲。”此时，有着丰富阅历的伊泓远，对这一角色的理解更为丰富。在各位前辈老师悉心指导和创演团队的共同努力下，她的演绎更加淋漓尽致，更受观众认可和喜爱。

在伊泓远看来，重排《江姐》是一次“守正”又“创新”的历程，使她对民族艺术的认知更加深刻，对个人艺术发展的谋划更加长远。

身处文艺大繁荣大发展的好时代，作为文艺工作者，伊泓远决心紧跟时代步伐，发挥现代信息技术优势，运用观众喜闻乐见形式，传播中国优秀经典歌曲，讲好中国故事。

事不避难者进。2022年，经过一段时间的紧张学习和虚心求教，伊泓远开通个人抖音号，开门见山，直接用“伊泓远”作为抖音号的商标品牌。

谈起使用这个商标品牌的缘由，伊泓远抑制不住内心自豪：“虽然我不知道父母当年给我起这个名字的含义和用意，但我能感受到她们深深的爱意。随着年龄增长，我对这个名字越发有了自己独特的理解。”

泓，形容水深而广，它继承水的特性和文化，要求为人温润善良，待人宽厚，寓意有深度有内涵，大智慧大格局；远，表示志向高远、学识渊博，隐喻成就非凡；两者搭配，字形柔和、读音清缓，比较契合，恰如一泓清泉、福泽深远，能够贴切地体现阴柔且向上、博爱而远大的女子气质。

纵观商标品牌世界，用自己姓名命名的不乏其数，包括笔名、艺名、译名、别名和化名等特定名称，特别是公众人物姓名，本身自带“光芒”，是重要的无形资产，像李宁、羽西、高露洁等，由于其特定性、独创性、原创性较强，核准注册概率较高，易受到法律保护。伊泓远的考量不仅在于其名字的清新高雅、好听好记，亦在于一种自信和鞭策，时刻提醒自己要倍加珍爱自己的名誉和声誉，更在于对父母养育之情的感恩铭记，在于对孩子寄予的一份期许——要像永远深爱父母亲人一样，永远深爱自己的祖国。

“伊泓远”抖音号开通以来，《我和我的祖国》《毛主席的话儿记心上》等红色经典歌曲，如同掀起一股红色旋风，吸粉数十万，既有青少年，也有中老年人。大家在聆听悦耳歌声的同时，不经意间强化了家国意识——今天的幸福生活来之不易，切莫忘记那些为之流血牺牲的革命英雄，切莫忘记那段艰苦卓绝的革命岁月。

红梅绽放，几度芳华。回首歌声飘过的岁月，曾经的艰辛与辉煌，曾经的坚守与执着，仿佛仍在耳畔回响，给后来者以遐思和力量。在打造民族艺术品牌的征程上，伊泓远不惧山高、不畏路远……

伊泓远，歌声如泓，悠扬致远。

（文中图片等资料由主人公提供）

一个“诚”字感动人心

诚

东方甄选 DONGFANGZHENXUAN：老实人洪哥用真诚和知识打造火爆品牌

俞敏洪

“东方甄选 DONGFANGZHENXUAN”商标品牌创始人

新东方教育科技集团董事长

思考、选择、目标、行动、进取、挑战。

这是“励志达人”俞敏洪总结的人生成长的六个关键词。每次见他，最想问的问题之一是如何“选择”，而他实在太忙，简短的时间不足以深聊如此厚重的话题。于是，我只有通过他的行动来感悟他每一次的“选择”，以及选择背后的成功逻辑。

毕竟，行胜于言。从历经磨难考进北大，到从北大离职创业；从捐献课桌椅到不欠员工钱、退还消费者预付款……在我心目中，洪哥一直是个“老实人”。

今天，在转型直播带货试水半年多后，他带领团队用真诚和知识打造了“东方甄选 DONGFANGZHENXUAN”火爆品牌，建设“最有文化的直播间”，令人耳目一新，用他一如既往的理性、务实和坚韧杀出重围，书写着永不过时的“心灵鸡汤”。

看似老生常谈，恰是宝贵经验。

/“躺平”还是“继续奔跑”/

2020年初，肆虐全球的新冠疫情，让很多企业都按下“暂停键”。伴随着“双减”政策的落地，教培市场迎来“寒冬”。洪哥称，2021年，新东方的市值跌去90%，营业收入减少80%，员工辞退6万余人，退学费、员工辞退N+1、教学点退租等现金支出近200亿元。对于任何一家企业而言，这无疑都是毁灭性打击。

“躺平”还是“继续奔跑”？是摆在洪哥面前的又一道选择题。此次，却不同以往。从年龄上看，他已年近六旬；从市场上看，各行各业日子都不好过；从士气上看，不少人瞻前顾后……“我已衣食无忧，可以躺平不干，家里还有1万多册书可以看，但新东方的几万名兄弟姐妹，怎么办？”朴素的农民哲学思想，让洪哥念念不忘的还是大家。

大事难事看担当，小事小节看胸襟。危局之下，洪哥冷静思考后，不怨天尤人，不卷款跑路，做出了“三个重要决定”，一是把退租教学点的近8万套课桌椅捐献给全国乡村学校，物有所用；二是支付离职员工工资和家长预付款，不欠账赊账；三是在做好教培主体业务同时，转型进军新农村，做农产品直播。

面对前两个决定，无论高管和同事都能理解，这是洪哥一贯做人做事的本色——善良、老实、厚道。对于第三个决定，大家都有点意外，只有他自己心里明白：“我就是一个农民，心里一直惦记着农村。父亲是个木匠，干完一天活儿回家了，爷俩一坐，弄两个小菜，配二两小酒……到了春天，四五月份暖和了，一个猛子就扎到河里，过一会就能摸上一桶鱼虾……”

追忆童年最开心。农村里有他的童年，有他的父老乡亲，他懂得农民的朴实快乐，也懂得他们面朝黄土背朝天的艰辛。为此，他用稿费资助贫困孩子上学，新东方参与做了很多公益事业，特别是培训农村老师。他坚信，“点燃”一个老师，可能就会“照亮”一片孩子。洪哥的心思，其实不难猜。

“如果转型要进入一个新领域，那一定是能为社会做出更大贡献，能帮助更多人。我忘不了农业，忘不了农村，忘不了农民，总想着力所能及地帮助他们。怎么帮？直播是个很好机会。第一次机会，是卖场。第二次机会，是电商。第三次机会，就是直播了。虽然已是红海，且前有知名老牌，后有新锐追兵，但新东方决心做，就要啃下这块硬骨头，没有什么品牌大到不可以挑战。”

老师不教书，改行去卖货，更多的声音是不务正业和冷嘲热讽。洪哥的性格，当然对此置之不理，选择用行动说话。然而，在老师队伍中，还是不免顾虑重重，既有文人清高的遗传，也有人言可畏的担忧。

“假定人生结局相同，你是主动选择，还是被动接受？”“我觉得选择，最重要的就是根据内心的感受，也就是你的初心。你觉得应该保持一种什么样的状态，追求一种什么样的生活。如果你的内心告诉你，‘葛优躺’就是你想要的幸福，并且从未感到心灵的空虚、人生的无聊，我觉得也可以，但我做不到。”洪哥目标明确、毅然决然。

言谈举止中，一个喜欢变化、乐于挑战、勇于行动的洪哥，还是30年前创建新东方时的洪哥。

/“瞎猫”还是“东方甄选”/

直播带货，是指以专门直播带货平台，或传统电商平台，或社交平台带动消费为主导，通过明星或主播发布内容类视频为基础沉淀用户，再通过定向推送商品和服务，进而达到提高交易转化率的效果，增强消费者的消费体验，迅速打开销售局面，其目的是增加用户黏性，打造“爆款”产品。这对于一直从事教培行业的新东方来说，是实打实的跨界。

跨界，跨界，跨过去就没有界，跨不过去就是界。不懂就学，不会就问。2021年底，新东方旗下的新东方在线，作为互联网科技公司，创新、敏捷、执行力强，承建农产品直播平台正合时宜，其全权负责筹备“开业大吉”。

人名对于人品，商标对于企业，声誉载道，情理相通。直播平台的命名，颇让大家费尽心思。创业路上，风云变幻、激流险滩，对于商标品牌的重要性和必要性，洪哥和他的高管们自然格外重视。

“诸葛亮会”上，有同事提出，直播平台是基于互联网优势的产物，平台品牌应有网红属性，突出市场、异类、潮流、与众不同等元素。“瞎猫”如何，瞎猫碰着死耗子，寓意时机赶得巧，得之不易。咱们本来是外行，没有把握，如果成功了，说明我们能力超人；如果失败了，也有“台阶下”。从一片笑声中，看得出大家对这个名字有一定认可。

“不好，不好，瞎猫，过于随意，不够正规，也偏离我们新东方企业文化。叫东方甄选吧，甄选，审查鉴定之意；甄，谐音‘真’，真诚、实在、认真。我们做任何事情都秉承认真二字，即使带货也要认真挑选，选出货真价实的好东西。坚持高品质、高性价比标准，精选的优质农产品，能够追溯原产地，健康又营养……一方面传承新东方的理念愿景，另一方面彰显平台的品质定位。”

“瞎猫”还是“东方甄选”？洪哥心里明白，大家对直播之路心里没底，依然有畏难情绪。抉择时刻，他依靠个人IP“一锤定音”，最终说服大家接受了新品牌名称。

保护知识产权就是保护创新，申请注册就是最好的源头保护。名称确定之后，他们第一时间在众多商品和服务项目的类别上，申请注册“东方甄选”“DONGFANGZHENXUAN”“新东方农品优选”“新东方优选”等商标，为平台运行和发展保驾护航深谋远虑、夯基垒台、全面布局。

“东方甄选——滋养人生活力，是我们的商标品牌理念之一。百术不如一诚，我们就是要用真心真情真诚的服务，既做优质产品的推广者，又做文化知识的传播者，让每个人生活得更加滋润昂扬！”

直播带货是个系统工程，“东方甄选”有条不紊推进内容、团队、产品等建设。选拔主播，是重中之重。他们从内部开始“招贤相马”，各个专业的老师踊跃参与。为了把复杂的农业知识变成通俗易懂的表达，随时随地可以看到争相练习的场景。老师们多才多艺、积极进取的样子，就像过去给孩子们备课时那样一丝不苟。

节目未播，法治先行。为避开直播路上的“雷”和“坑”，东方甄选还未雨绸缪，及时组织人员学习《电子商务法》《商标法》《广告法》等法律法规，做到售前准入有门槛、售中监管有招法、售后保障有力度。广大员工心往一处想、劲往一处使，主动献计献策，助力扎紧风险防控篱笆，系统打牢法治根基。

“东方甄选”未上线，隔着屏幕就让人感觉到了一呼百应、众人划桨的巨大力量……

/“带货”还是“传播知识”/

直播带货，大多数平台最看重怎么用产品换钱。殊不知，在用产品换钱之前，最重要的事情是如何用内容换时间。

作为直播带货的“小学生”，“东方甄选”亦步亦趋，从学习、模仿到总结、创新，走过一段弯路后，思路越来越清晰——“有料、有趣、有用、有价值”是关键，逐渐摸索出一套“双语+知识传播+带货直播”模式。

为此，一方面，他们四处寻找好产品。“东方甄选”选品小分队在全国各地寻找美食坐标，走遍乡村田野、尝过千种产品，与专家讨论交流，实地考察原产地。在深山密林中，探寻自由奔跑的黑猪；在选品中追求精品，盲测170多种米；数以千计的样品，严格地开箱选品，亲自把关尝试用……

另一方面，他们积极做好优质内容。像当年教学备课一样，咬文嚼字、反复推敲和试讲试听。洪哥来东方甄选首秀时，讲历史，讲地理，讲传统，讲童年的趣事和回忆，讲生活阅历和感悟，娓娓道来，如数家珍，让人如沐春风，润物无声。

董宇辉，一位英语老师，在直播间里双语直播，一边带货，一边传授英语知识。幽默风趣，笑声不断。卖牛排的时候，别的主播讲的都是价格多么优惠，数量多么有限。他给你讲“这个牛排的口感，一个叫作juicy，多汁的；另一个叫作tender，嫩的……”

“当你背单词的时候，阿拉斯加的鳕鱼正跃出水面；当你算数学的时候，南太平洋的海鸥正掠过海岸；当你上晚自习的时候，地球的极圈正五彩斑斓。但少年梦你要亲自实现，世界你要亲自去看。未来可期，拼尽全力！当你为未来付出踏踏实实的努力的时候，那些你觉得看不见的人和遇不到的风景，都终将在你生命中出现！”

“我没有带你去看过长白山皑皑的白雪，我没有带你去感受过十月田间吹过的微风，我没有带你去看过沉甸甸地弯下腰、犹如智者一般的谷穗，我没有带你去见证过这一切，但是，亲爱的，我可以让你去品尝这样的大米。”“什么叫美好？你在闹，他在笑；草在结它的种；风在摇它的叶子；五常大米正在开它的花；你坐在镜头前，千里之外，一直看着屏幕，龇牙咧嘴地笑。这就是美好。”

甚至还能从玉米的品质，给你科普到“39—45度是个特别神奇的纬度区间，对农作物、放牧业来说是非常有利的地形。”

没有出众的颜值，没有夸张的表演，没有聒噪的环境，没有卖货的套路，只有知识的传递和文化的碰撞。带货成了“上网课”。他们用知识的积累、文化的力量让人折服，给直播带货经济指明了新的方向，让中国文化享誉世界，彰显真正的文化自信，似一股清流缓缓而来，沁人心脾。

“腹有诗书气自华。东方甄选，不仅推荐好的产品，让物质生活更丰盈；也推荐好书，让精神生活更丰盈。”已经出版了多部专著的洪哥，始终是个文化人，怪不得我问“您对自己的定位是企业家、专家、学者，还是……”他张口就来：“我就是个老师，最喜欢的称呼是俞老师！”

带货还是传播知识？答案已经不言而喻。“老手艺”焕发“新流量”。面对用真诚和知识打造的火爆品牌，到底能够火多久？洪哥坦言，这不是我们自己能决定的，我们只会坚定地做下去，为了优质农产品有销路，为了消费者能买到优质农产品。

虽说粉丝经济，流量为王，但在吸粉的认识上，洪哥亦有自己的坚守，宁缺毋滥，不随大流。他认为，与其几万个人跟着你最后跑掉，不如几百个人跟着你，成为你的铁粉。把上千人服务好，上千人会带来上万人，上万人会带来上百万人。

东方甄选就像一台节目，每天不同，没事打开直播间，主播陪你聊聊天，没准儿还能学点新知识，买不买东西没关系，但经常来逛一逛，放松一下，就会有收获。这是很多网友的认识。

千磨万击还坚劲，任尔东西南北风。不相信一鸣惊人，只相信厚积薄发；不相信一步登天，只相信韬光养晦。不是所有的坚持都有立竿见影的结果，但持之以恒、久久为功，冰封的土地也能培育出鲜艳的花朵。

事实再次表明，成长就要不甘平庸，但没有捷径，探索自身优势与市场需求之间的结合点衔接点，深耕下去，才能闯出一片新天地。

雄关漫道真如铁，而今迈步从头越。双语直播虽好，但只能锦上添花，无法雪中送炭。面对未来，“东方甄选”道阻且长、任重道远。

纵有疾风起，人生不言弃。真诚，乃立身之本；知识，是成功之基。相信依靠真诚和知识起家的洪哥，在品牌强国的大道上，依然能够依靠真诚和知识继续转型升级、阔步前行，让“东方甄选”熠熠生辉、光彩夺目……

（文中图片等资料由主人公提供）

今时月：爱美会玩的退役女兵让千年汉服经典破圈国潮文化

万洁

“今时月”商标品牌创始人

成都次元时代文化发展有限公司总经理

青春孕育无限希望，青年创造美好明天。新时代的中国青年，生逢其时、重任在肩，施展才干的舞台无比广阔，实现梦想的前景无比光明……

从金牛宾馆参加学习《习近平总书记在庆祝中国共产主义青年团成立100周年大会上的讲话》座谈会返回家中，已经是22时30分。此刻，她不仅没有睡意，而且感到了一种史无前例的沉甸甸的责任。

一周前，她刚刚荣膺“四川青年五四奖章”和“成都青年五四奖章”。这是对她退役6年、创业4年奋斗青春、华丽转身的一次褒奖。

她，就是“今时月”商标品牌创始人、成都次元时代文化发展有限公司总经理、陆军某部退役军人万洁。

/ 从美丽女孩到铿锵玫瑰，既爱红妆更爱武装 /

时代各有不同，青春一脉相承。

1996年，万洁出生在重庆万州。她不仅继承了家乡“多美女”的基因，更传承了重庆女孩勇敢坚毅、大气泼辣、爱国爱军的精气神。小时候的农村生活经历，使她具有山城女孩的天资禀赋。特别是艰苦的环境，并没有阻碍她爱美会玩的天性，反而激发了她的灵性和旺盛的激情，一天天成长为大家眼中的“开心果”和“智多星”。

“飒爽英姿五尺枪，曙光初照演兵场。中华儿女多奇志，不爱红装爱武装。”学生时代，毛主席一首《七绝·为女民兵题照》，万洁不仅背诵如流，而且深深印在了脑海中。

2014年，万洁决心参军入伍。身边的亲友纷纷劝阻，母亲更是为她操心：“你一个女娃能有几年青春？”可她看准的事情，谁也拦不住。

烈日下锤打、风雨中历练。在陕西宝鸡某部通信团，紧张严格的体能训练，一天下来，胳膊酸痛得连筷子都拿不稳；复杂严谨的专业训练，背记上千个电话号码、数百条勤务用语和各种番号代号，不分白天黑夜……

功夫不负有心人。万洁和她的战友们巾帼不让须眉，不因身材娇小而退却，不因是女兵而服输。顽强的毅力，使她不仅练就了过硬的军事技能，还掌握了听音知人、盲拨号码等本领，用汗水和努力展现出通信女兵不平凡的一面。

训练执勤之余，万洁还了解到驻地宝鸡取自“石鸡啼鸣”之祥瑞，是“明修栈道，暗度陈仓”典故发源地，流传着西府社火、凤翔木版年画、泥塑等中华工艺，为她日后深入学习钻研传统文化起到了潜移默化的启蒙作用。

/ 从汉服博主到创新品牌，既重赚钱更重发展 /

2016年9月，带着军旅生涯的锤炼和洗礼，万洁退役回到家乡。此时的她，和其他女孩一样，又不一样。一样的是青春靓丽，不一样的是青春梦想，以及实现梦想的“工具”和“毅力”。

“我比较喜欢摄影，喜好美的东西，起初和朋友开一间摄影工作室，也做自媒体。一次，我们去甘孜，看到当地人穿的民族服饰，非常漂亮，当时就想其实汉服也可以这样。从那时起，我开始对汉服产生了兴趣。”

随着不断深入学习，万洁了解到汉服文化源远流长，博大精深。为此，她没日没夜恶补汉服知识，从汉服起源到发展壮大，从历史典故到服装体系，从妆容到配饰，硬是通过看书、看视频、做笔记等自学，把基本知识点都记在了脑海里。

有了知识“武装”，如何通过汉服推动传统文化创新性发展、创造性转化，万洁目标逐渐清晰——做短视频。随后，她从网上购买衣服后，拍摄视频并传到抖音、微博、B站等平台。在展示汉服穿搭的同时，也传播着传统文化。

从此，沉浸在视频创作快乐中的万洁，不仅从一窍不通的门外汉一步步成为一名专职的“汉服博主”，而且逐渐成为网友口中的“小万姐姐”，赢得众多粉丝。

其实，在万洁孕前孕后那段时间，她也没有放弃对汉服的热爱。视频里，她穿着汉服记录生活，话科学孕育、聊亲子话题，被网友誉为“国风母婴达人”。当时有粉丝留言“想看你和女儿一起穿汉服”，可跑遍大街小巷，也没看到适合这么小的孩子穿的款式，“不如自己做吧。”

意外的走红，让万洁有了正式创业的想法。她和同是退役军人，又是专业摄影摄像的丈夫商议后，一起“打起背包”，做起了“蓉漂”。

“之所以选择成都，不仅因其自古有‘天府之国’美誉，更因这里还是国家知识产权强市创建市，拥有独特的城市优势和创业便利条件。之前，我就经常来参加一些‘国风’主题文化活动。那个时候在街头巷尾，就能看见很多穿汉服的女孩，感觉整体氛围很好，有成熟的社群文化，活动好组织。”

成都，古时因周太王以“一年成聚，二年成邑，三年成都”而成名，今天因一流的营商环境和包容的休闲文化而闻名。

军中绿花闯入成都创业大潮，军人品质注入汉服产品。万洁自主原创汉服品牌的想法已经成熟。

品牌起名，如同婴儿孕育，万洁颇是下了一番工夫。她从浩瀚的传统文化中，撷取唐代诗人李白《把酒问月·故人贾淳令予问之》“今人不见古时月，今月曾经照古人。”从中取名“今时月”。

其实，早在2019年，万洁怀孕期间，她就为女儿起了“十月”的名字，两者字异音同，相互照应、相得益彰。从“现在的人见不到古时之月，现在的月曾经照过古人”的意思中，让顾客从古人咏月抒怀中感受悠悠万古，表达长存不变的明月是永恒时空的奇迹，引发人们穿越千年、无限遐思，暗喻“今时月”汉服品牌前不见古人，后不见来者，具有独具匠心的非凡意义。其品牌诗情画意、朗朗上口，如行云流水，指定使用在服装等商品和服务项目上，高度匹配、恰到好处，极具感染力、想象力，让人过目不忘、久久回味。

“先有女儿，后有品牌，她们都是我人生的作品，值得我用一生去呵护。”谈起“今时月”品牌来历，万洁万分自豪、引以为傲。通过创新品牌，将传统文化与现代审美理念完美融合，以优秀的产品，收获年轻市场，打破次元壁垒，已然成为她的初心和使命。

商标是品牌的根基和护栏，也是实现品牌价值的载体。为此，万洁未雨绸缪、提前布局，在相关类别及时申请注册了多件“今时月”商标，确保在法治的轨道上行稳致远。

2020年，“今时月”汉服品牌进入市场半年，从最初穿汉服上街时大家异样的眼光和穿得像唱戏的评价，到赢得越来越多80后、90后喜爱，销售额突破500万元，其背后是万洁义无反顾的坚持和对冷嘲热讽的不理会。之后，除了线上平台外，为了增强消费体验，她还在线下开设了一家集摄影、茶艺、非遗手作于一体的品牌体验馆。

伴随着“生意”风生水起，万洁的商业模式也愈发成熟，发展思路不断完善，瞄准意义重大、前景广阔的汉服和二次元市场，打破传统文创服饰品牌运作，以产品为核心、以流量为基础、以理念为长远，建立“流量+实体”新模式，建立自有文创领域矩阵和原创文创品牌，转化内部优质资源，形成反哺闭环业态模式。

在青城山上论道、在春熙路快闪、在海螺沟跨年、在三星堆感受古蜀文化、在稻城亚丁探寻蓝色星球上的最后一片净土……万洁带领团队借助互联网传播优势，分享美好生活记录，向广大网友传递正向价值。此外，她还走进甘孜为脱贫攻坚和文旅事业鼓与呼，将四川秀丽风景和人文历史，以及新时代中国青年乐观自信的生活态度传递给世界。

谈起这段经历，万洁感慨万千：“万事开头难，企业初创时期，就像是又度过了一次高三生活，又经历了一次新兵连考验。初步成功并不是因为幸运和能干，而是随着时代发展不断调整创业方向和策略。关键是要想做好一件事，必须得下苦功夫，比起运气，我更相信付出的汗水。”

/ 从兴趣爱好到人生事业，既重当下更重未来 /

哲人说，人生最幸福的事情之一，是把自己的兴趣爱好变成理想追求，把理想追求做成人生事业。无疑，现在的万洁就是这种幸福的人之一。

然而，回想当初，万洁为自己的单纯庆幸：“当时获得意外关注后，一些互联网机构找到我，建议我利用好当下流量，转型做直播进行快速变现，但是我很坚定地拒绝了，我想把自己的兴趣爱好融入事业理想，寻找一条实现梦想与弘扬传统文化并行的道路。”

当然，每一个兴趣背后都有一定的商业价值，关键是把握好二者之间的度。万洁始终牢记打铁还需自身硬，任何事情离不开专业二字，只要你把什么事儿都做得精益求精了，就是一份伟大的事业。对汉服，她常常在言谈举止间，便可娓娓道来。

汉服，全称“汉民族传统服饰”，又称汉衣冠、汉装、华服，是从黄帝即位到公元17世纪中叶（明末清初），在汉族主要居住区，以“华夏——汉”文化为背景和主导思想，以华夏礼仪文化为中心，通过自然演化而形成的具有独特汉民族风貌性格，明显区别于其他民族的传统服装和配饰体系，是“衣冠上国”“礼仪之邦”“锦绣中华”的体现，承载了汉族的染织绣等杰出工艺和美学，传承了30多项中国非物质文化遗产以及受保护的中国工艺美术。

现代汉服，是现代人继承古代汉服基本特征而建构的民族传统服饰体系，主流典型特征可概括为“平中交右、宽褖合缨”八字，不仅是外观描述，更蕴含与中华文化息息相关的内涵，充分体现中华服饰崇尚含蓄内敛、端庄稳重的气质与美感。

“今天跟大家分享常见的衫裙，就是典型的上衣下裳制，衫一般相对较短，长度不会过膝，下面这一部分就叫作裙……”视频里，万洁一边展示一边讲解。让网友们快速了解什么是汉服，并掌握衫裙防掉小技巧，发冠造型怎么做……用通俗化、浅显化、大众化方式普及汉服知识，简单易懂，深受欢迎。

从戎装到汉服，从妙龄少女到国风宝妈，从退役军人到创业达人，万洁在完成人生重要转折的同时，也找到了为之奋斗的人生事业——用心传承汉服文化，用情讲好中国故事。

新冠疫情突发，企业发展蒙上阴影。万洁却坚持团队规模不减反增，创新设计款式，扩大生产规模，提出针对不同城市、不同人群、不同行业专业定制系列服务项目。比如将成都、重庆、西安等不同城市主题文化融入汉服设计，打造“今时月”围城系列汉服，目前已经做到8个城市。其中，武汉款命名为“生机”，灵感来源于武汉有代表意义的地标。

这是一款明制汉服，有竖领大襟长衫、云肩和马面裙。云肩有四片，每片图案不一样。马面裙裙门图案是黄鹤楼，织金的裙子上有刺绣樱花和燕子。整个画面生机盎然……以此向英雄城市武汉致敬。万洁表示，今后她们还将根据二十四节气演变等文化元素，设计生产更多定制式汉服……

如今，“今时月”汉服品牌，已形成集原创汉服设计、内容传播矩阵、线下超级体验、电商直播基地、汉服产业链为一体的多元化商业模式，带动就业近千人。拥有粉丝超500万人，累计6.5亿次视频播放量；万洁带领团队创作的汉服宣传片《华服归来》，在共青团中央网络青晚播出；2021年，她参加第二届四川省退役军人创业创新大赛，荣获三等奖；2022年春节前夕，她们与甘孜州稻城县合作，以寒桑村为试点，联合开发具有时尚元素的藏族改良服饰和文创产品，以实际行动为乡村振兴谋新路。

春播秋收，四季轮回，一分付出一分收获。万洁先后被评为抖音优质内容创作者、百度VLOG优质达人、今日头条优质母婴领域创作者、2018年微博“新锐国风博主”、知名国学博主、2021金秒奖最佳女主角，2022年3月又被评选为成都市退役军人就业创业导师。

时光转瞬即逝，过程犹在眼前。身在圈内，万洁见证了汉服从小众文化逐渐“出圈”，走入大众的转变。如今，越来越多的年轻人穿起汉服，衣袂翩翩、自信满满地行走在高楼大厦和绿水青山间。

在媒体眼中，这是汉服亚文化的“二次元”破壁；在市场眼中，这是“国货”经济井喷的一个起点；在学者眼中，这是年轻人“国风”归来的一个表现；在世人眼中，汉服不再是复古作秀、奇装异服，而是国风回归、文化自信的视觉盛宴。

知华夏礼仪，习历史智慧。文化自信是一个国家、一个民族发展中最根本、最深沉、最持久的力量。让每一名年轻人在选择穿汉服的那一刻，就承担起新的角色——中华优秀传统文化的继承者、阐释者、传播者。

传承优秀的民族文化，不能只关注形式，更重要的是要深入理解内容，不仅要看到汉服的美，更要知道这种美代表的内涵。

现在，万洁经常学习诵读《重回汉唐》等经典文章：“蒹葭苍苍，白露为霜。广袖飘飘，今在何方……我愿重回汉唐，再奏角徵宫商。着我汉家衣裳，兴我礼仪之邦。我愿重回汉唐，再谱盛世华章。何惧道阻且长，看我华夏儿郎。”她还为粉丝解读《春秋左传正义》：“中国又称华夏，‘夏，大也。中国有礼仪之大，故称夏；有服章之美，谓之华。’”让大家了解到原来平日里“华夏民族”的自称竟然与身上的汉服有着密不可分的关系，增强做中国人的志气、骨气、底气。

“用军人品质锻造企业精神，把红色基因注入产品灵魂。”谈到“今时月”商标品牌未来，万洁坦言，汉服不仅是千秋绝色的长袖翩翩，更是中华民族文化的具象化体现。我们打算用“内容+产品+故事”等形式，把经典变为流行，拓展海外市场，让更多的人了解汉服、热爱汉服、感受汉服魅力，让中华传统文化看得见、摸得着、能体验。

“人生万事须自为，跬步江山即寥廓。”坚持是最美的姿态，奋斗是最美的人生。万洁和她的“今时月”商标品牌，从历史深处缓缓走来，走向世界大舞台……

（文中图片等资料由主人公提供）

定致：从“雕虫小技”到“餐饮名片”

黄顺利

“定致”商标品牌创始人
金尊大酒店餐饮部总监、香港顺德利酒店管理有限公司创始人

“烹制精细、注重火候，成品入口轻嚼，感觉软糯黏牙，鲍鱼味浓郁，汁液浓而不咸，芳香留嘴、余香犹在……”

将粤菜的“蚝皇极品鲍”传统制作工艺和闽菜“佛跳墙”用料创造性有机结合，用罐头鲍烹出极品鲍味道及口感，引来众多食客赞不绝口。

这位烹饪大师，入厨近30年，在继承闽菜传统技艺基础上融合粤菜清、鲜、淡、脆特点，博采各菜系之精华，兼容川、潮菜之长，熔于一炉，逐渐形成自己富有新派闽粤特色的烹饪风格，成为餐饮界一道亮丽的名片。

他，就是“定致”商标品牌创始人，金尊大酒店餐饮部总监、香港顺德利酒店管理有限公司创始人黄顺利。

/ 为了学调一种酱料，倒了一个月垃圾 /

1977年，黄顺利出生在福建省泉州市安溪县。从小学到中学，成绩不够理想的他，却处处显示出动手能力强的优势。

1993年，初中毕业后，黄顺利来到南安青年酒家开启了学艺之旅，其实就是帮厨，给师傅打下手、干杂活。2个月后，他随师傅来到泉州龙兴酒家做“打荷”（协助厨师制作造型）。3个月后，他经朋友介绍，来到正在筹备的金星大酒店，接受正式的粤菜烹饪培训。之后，他又跟随香港、泉州、广州、海南等多位名厨学艺共事。

为了多学一点烹饪技术，早日当上师傅。别人上班，黄顺利上班，别人下班，黄顺利加班，一天上班16个多小时，别人下班了他就在厨房学雕刻。师傅看他老实勤快，索性就把厨房的锁匙交给他负责。

“当初，为了学调一种酱料，我倒了一个月垃圾。刚开始师傅比较保守，没那么快就教你的，要先考验一下。我又急着想快点把技术学到手，就天天倒垃圾，因为倒垃圾可以在垃圾房捡瓶盖和酱料瓶，每次都记录下来。等别人都下班了，自己再一点一点试，之后再请师傅指点，很快就学会了……”

在金星大酒店一年多时间，黄顺利跟过的师傅有广州的邓文谦，海南的史里生、陈思汉，泉州的许民强、许开铭。1994年，他跟师傅到安记饭店学做炒锅，后得到中国烹饪大师程振芳指导。这些亦师亦友，对他的技术和为人处世帮助很大，是他人生路上的“贵人”。虽然学到的是烹饪手艺的一点“雕虫小技”，但已经足够让他自己养活自己。对此，他始终心存朴素的感恩之情。

1995年，19岁的黄顺利与几个兄弟，承包了一家名为“丰田酒家”的酒楼，开始了主厨生涯。

初出茅庐，处处受限。“当时，那位老板看我太年轻，对我的能力怀疑，我说出师承派系和写好管理方案后，才勉强与我交谈。基本还是实行承包制，工资比前几批师傅虽高，但两个月后才发我们第一个月薪水。老板的不诚信，让原本想大干一场的我，看到理想的丰满和现实的骨感……”

/ 为了探索新菜制作，睡觉做梦在琢磨 /

山重水复疑无路，柳暗花明又一村。凭借着对烹饪手艺的热爱和钻研，黄顺利先后被石狮华南食府、明园大酒店、金尊大酒店等聘任总厨。

边干边学，边学边干，既注重提高烹饪技能，也注重不断开拓创新。勤快、善学的黄顺利在烹饪领域，越来越如鱼得水。注重实用价值，敢于抛弃花架子和打破常规做法，是他的一大特点。为此，他睡觉做梦都在琢磨，有时深更半夜起床，记下“灵感”。

念念不忘，必有回响。黄顺利研制的“红菇炖螺头”，改变传统用料，改用深海螺头来炖。炖起来的汤，色泽鲜红、清而不腻，是一道永喝不腻的汤；还有“石锅牛仔骨”，选用上等牛仔骨，腌制后，再加入茄子和自己调制的黑椒酱汁，然后放入预先烧热的石锅内，最后放入松仁，这道菜未吃先闻到香味，吃到嘴里肉质顺滑而鲜嫩……

春夏秋冬，寒来暑往。三尺灶台虽小，但功夫不负有心人。2004年，通过理论和实践考试，黄顺利加入泉州烹饪协会，同年参加中国海峡两岸美食大赛，获银奖；2005年6月，他荣膺国家高级烹饪师，并经程振芳大师介绍加入中国烹饪协会；2006年，他参加福建第三届烹饪技能大赛，获铜奖，并考取国家高级职业经理人证书……

2008年，黄顺利被中国饭店协会授予中国烹饪大师荣誉称号（编号20081133）；2010年，经培训和考核，他获得国家职业竞赛裁判员证书（编号0336），被授予中国饭店业国家级评委证书（编号HNAC2010047），中华金厨奖获得者、中国烹饪大师……

一路走来，一份份成绩和一件件荣誉，见证了黄顺利在厨师岗位上的大胆创新、潜心钻研和粗菜细作，一道道新菜横空出世，一道道家常菜做出了精品味道，一道道经典老菜做出了新滋味，100多道创新和二次创新的烹饪技能、菜品等，为自己争气，为单位争彩，也为国家争光。

2017年，黄顺利随中国烹饪协会中国美食文化交流访问团，访问法国费康市、巴黎市等，作为美食文化代表，他为推广中国美食文化做出了积极贡献，获得多个法国官方奖项。他还多次参与重大接待任务，包括500人以上全国性宴会。

/ 为了技艺发扬光大，自主创新塑品牌 /

从烹饪技术人员，到餐饮管理人员，黄顺利在追求“全能人才”的道路上不惜汗水、不怕挫折，但他始终没有丢掉自己的主业：“我就是一个厨师，做好菜、做名菜，把菜做好，是我的本分……”

随着烹饪技能的不断精进和对烹饪行业的深入了解，黄顺利的品牌意识不断被唤醒。

人品决定菜品，做人做菜都要讲究品牌。2021年，经过多年思考酝酿，黄顺利提交了“定致”“定致番椒”等多件商标注册申请。“定致，定制的谐音，原意为个别客户量身剪裁，是服装行业俗语。随着时代发展，其意义逐渐被丰富起来。我们作为商标品牌使用，其含义简单明了，就是迎合和满足食客追求品质和个性的心理，进行创新定制、专业定制和因需定制，致力于原料的鲜、活、新，菜品的色、香、味、形，为食客提供一流的独具特色、独运匠心、独树一帜的菜品……”

作为铁观音的故乡，黄顺利利用老家独特的区域优势和茶叶特点，先后推出有关茶叶菜肴20多道。“明园茶冲面”，选用上等老鸡，先煲出金黄色的汤，再加上等清香型的铁观音茶叶，装入小紫砂壶里，配一碗纯手工制作的鱼肉茶香面。上桌时，客人自己将茶壶里的汤冲入鱼肉茶香面里，即可食用。汤和面茶的清香味，久散不去；还比如茶梗，一般情况下都是丢弃，他就用菜梗来熏鸡，取名“定致牌铁观音熏鸡”，选用上等的铁观音茶叶梗和农家土鸡来制作，很快成为当地一道名菜。

在餐饮和酒店管理上，黄顺利同样结合实干动脑筋想办法，运用“定致”的品牌理念，总结概括了“五常方法”。“虽然没有什么理论高度，但确实好用管用。”熟悉他的同行，对此比较认可。

常检查。首先经常组织对厨房各部门全面检查，将所有物品区分为必要的和不必要的，对必要的物品调查使用频度，决定日常用量后，根据物品使用频率分层管理。如一年都没有使用过一次的物品或抛掉或回仓；7至12个月没有使用的物品放到较远的库房，如铁板、火锅等；1至6个月使用的物品，保存在工作区域中间部分；每日、每月都要使用的物品，保留在工作现场；每小时都使用的工具、物品放在眼前或带在身上。

常整顿。在做好定点（选择最佳位置）、定容（选择最适合容器）、定量（确定合适数量）后，对厨房各场所各类物品划线定位，做好标识，做到任何设备、物品都有名有家；数量多的标明左进右出或前出后进，并标明最大和最小限量；用容器盛装的用不同颜色线标明最高进货量和提示进货最小量；层数多的有分层明细表；电源线路用红、黄、蓝、绿、紫等颜色标明；总开关上，标明管哪一段线路和哪一台设备，一目了然，30秒内能找到。设备，贴上安全警示标签等，确保无处不统一、无处不规范、无处不整洁。

常清洁。将工作场所内的设备设施、工具、用具、物品等清扫干净，保持工作场所干净、亮丽；划分清洁责任区，人人掌握清洁要领；及时清洁隐蔽地方，定期组织清洁评比等。

常规范。坚持以视觉效果、安全管理和标准化为重点，制作简单明了的操作标签、每一个岗位工作质量标准、安全提示等，使每一名新来员工能看明白、会操作。

常自律。制定相关制度，规范员工行为，抓反复、反复抓，“21天养成习惯”；奖惩及时到位，形成良性机制。

“无技则贫、无德则败；以技服人、以德服人；艺无止境、学海无涯。”这24个字，是黄顺利在烹饪道路上，给自己确定的“座右铭”，也是他孜孜以求的人生目标。

等闲识得东风面，万紫千红总是春。黄顺利知行合一、久久为功，不仅收获了精湛的技艺水平、丰富的管理经验等，还培养了众多后起之秀，目前有技师职称的徒弟5人、高级职称的10多人，遍布各地，主厨一方，成为他的骄傲。为了徒弟们的骄傲，他亦不忘初心、追梦不止，决心将“定致”品牌发扬光大。

（文中图片等资料由主人公提供）

銀哥：沉浸在皮具世界的“玩皮一哥”

邱本银

“銀哥”商标品牌创始人

广州市银哥皮具有限公司法人、退役军人

皮，给人一种很软的印象，通过精心设计和精良加工，制作的皮家具或皮用具，如各类皮衣、皮鞋、公文包、箱包等，让人赏心悦目、爱不释手。

他，给人一种憨厚的感觉，通过军营磨砺和市场历练，在皮具世界里打拼出一身工艺，手工创作的众多皮具各具特色，让人叹为观止、赞不绝口。

这位沉浸在“玩皮”世界的创业男儿，依靠内心的强大、坚定的执着和时间的沉淀，书写出了属于自己的人生答卷。

他，就是“銀哥”商标品牌创始人、广州市银哥皮具有限公司法人、退役军人邱本银。

/ 五尺男儿退役后做起“针线活” /

1973年5月，邱本银出生在四川井研，此地山高路远、人烟稀少。

那是一个缺吃少穿、生活窘迫的年代。祖辈几代人面朝黄土背朝天，日子过得很艰难。为改变家族“运势”，父母给他取了一个非常值钱的名字——邱本银，渴望生活富裕起来。

虽然家庭贫苦，但邱本银却从小就长得结实，粗茶淡饭没有影响他一天天长得“人高马大”。转眼到了1991年11月，邱本银没有像父母期望的那样具有“经商”天赋，而是对那身军装充满了向往。

东北的某座军营，天寒地冻。白天一身泥一身汗，晚上还要站岗放哨。四年时光，邱本银在辛苦与劳累中度过，却无怨无悔。老实巴交的他，虽然没有学到所谓的开车、修理等技术，也没能提干、考学，但说不出有多大收获的他，心里却感觉沉甸甸的。其实，不知不觉中，“吃苦耐劳”“争先创优”“永不服输”“坚韧执着”……军人特有的品质，已悄悄渗透他的骨髓。

1995年12月，退役后的邱本银回到家乡，在心里默默写下：“忆往昔，热血男儿赴军营，无私无畏；看今朝，有志之士归故里，无怨无悔”。

1998年，经过一番深思熟虑和多方考察，在亲友筹措经费的支持下，邱本银在井研县民主街开了一家裁缝店。

诚实守信、心灵手巧、服务周到，生意越做越好，十里八巷的人们定新衣、补旧衣，很多都到这里来。“巅峰时期，我们店里招聘了10多名员工，当时在井研县小有名气。”谈起第一次创业，邱本银难掩激动的心情。

然而，随着时代的发展，服装行业竞争加剧，集团化生产的优势明显大于手工作坊。

2002年底，邱本银被迫结束了裁缝店的经营。对从起步到壮大到没落近四年的“生意经”，他形容就像坐“过山车”，让人缓不过劲来，但他说他还要奋斗。

/ 二十年“玩皮”打造品牌产业链 /

2003年，在又一番深思熟虑和市场研判后，已做过“老板”的邱本银，和妻子商议，将目光聚焦于皮具生意。

立业以立学为先。邱本银一头扎进皮具世界，通过各种途径学习了解皮具设计、制作和营销知识，并总结出了“一看、二摸、三查、四辨、五验”识别真假皮具的方式方法。笔记记了两大本子，上下游等企业考察了十几家，研发新产品的方案做了几十个。

不久，在井研县世园商城，一家注册主营各类皮具的夫妻店公司正式开业，三年后扩大到了运动服装行业，店员增加到了10名员工。

经商做生意，只有踩在法律的节奏上才能欢快地起舞。商场打拼近十年，虽然没有接受过正规学校培训，但善于学习的邱本银还是在“摸爬滚打”和“真枪实弹”中增长了一些知识，特别是品牌的创造、运营和管理等。

2006年，邱本银从个人姓名和创业历程中受到启发，申请注册了“銀哥”商标，经核准使用在第18类皮具等商品上，取得专用权。

2010年，邱本银南下广州，成立广州市银哥皮具有限公司、银哥品牌营销中心，又先后在第16类办公用品、第25类服装系列、第35类广告服务等方面，申请注册了“銀哥”“YINGE”商标，从而很快形成了银哥品牌矩阵，为打造银哥系列产业链提前做好了规划布局。

一花引得百花开。“银哥”店铺，如雨后春笋，次第开张营业。

2010年，广州市白云区金沙洲富力半岛店铺开业；

2011年，广州市白云区金沙洲平乐南街店铺开业；

2012年，广州市白云区石井镇皮具城运营中心开业，四川乐山必水院步行街银哥皮具形象店开业，京东商城银哥皮具电商形象店开业，同时在百度、谷歌等多个网络平台投放广告。

2013年，广州市天河区高德汇皮海商场运营中心开业，四川眉山仁寿县欧洲街银哥皮具形象店开业；

2015年，银哥微信分销商城运销中心开业，安徽宿州白马商城银哥皮具运销中心开业……

2019年，四川乐山井研县世园街银哥皮具店等，被退役军人事务部门表彰为自主创业示范店、退役军人诚信经营示范单位、拥军优属示范单位……

在学习中成长、在探索中总结、在合作中壮大。商海大潮中，邱本银既保持军人坚忍不拔的精神，又发挥商人应有的敏锐眼光；既注重商品质量，保证货真价实，又注重服务质量，提升服务效率。一次，售货员不经意间把一件库存的有瑕疵的女士挎包卖了出去。他得知后，连续两天打了七八个电话，终于找到客户，免费进行了换新。同时，他主动适应互联网发展，实现线上线下相结合、直营加盟相补充等模式，在风雨洗礼中坚定前行。

/ 生意不大“爱心”温暖人世间 /

“曾经穿过军装，一生都是军人。”

邱本银退役多年，但骨子里军人的烙印永远抹不去，他总想着为战友、为弱势群体做些什么。看到战友家里有困难，他会主动伸出援助之手，或介绍工作，或捐款捐物。

家乡退役军人事务部门成立以来，邱本银多次主动联系，积极引导想要创业经商的退役战友到店里学习考察，并毫无保留地分享创业多年的教训与经验，为大家指点迷津。

银哥皮具店，被授予井研县首家退役军人自主创业示范店，也是退役军人职业技能培训实践教学基地。2019年，邱本银为考上高中和大学的28名退役军人子女赠送旅行箱，为30多名退役军人代表赠送节日礼物，并发放退役军人优惠卡3300张。接受资助的学生感激地说：“我们以父母曾经当过兵为骄傲，我们要发奋学习，将来也像他们一样穿上军装，献身国防！”

退役战友们说：“有了银哥的感召和帮扶，我们退役军人倍感亲切和温暖，充满了干劲！”

“没有国家富强，哪来小家温暖”“只要国家需要，退役军人从不缺席”。邱本银在国家和人民需要的时候，用实际行动诠释了“国家兴亡，匹夫有责”的担当精神。

2008年，“5·12”地震期间，邱本银第一时间捐赠一批价值数千元服装给井研慈善总会，转送到汶川地震灾区。为帮助老家修路，他白天在城里经营店铺，晚上赶回离城30多千米的乡下，不仅自己率先带头出钱出力，而且挨家挨户苦口婆心动员乡亲一起参与，经过半年多的努力，确保了道路如期完成。

2020年，突发而至的新冠疫情，邱本银一方面组织捐款捐物，另一方面带头到防控一线做志愿者……

做生意一阵子，做人一辈子。虽然生意做得不大，但力所能及、乐于助人的本分不能丢。邱本银是这么说的，也是这么做的。

邱本银，“玩皮一哥”，本色做人，银根致远。

（文中图片等资料由主人公提供）

“水经注”：
“万水之宗”跨界演绎“国风水饮新名片”

赵序

“水经注”商标品牌创始人
水经注控股集团公司创始人

“我们有世界级好水，更有世界级独一无二水文化，但遗憾的是我国水饮界缺乏真正赋能优秀水文化的包装水品牌，更鲜有能够媲美‘国酒茅台’般具有巨大经济、社会和文化影响力的包装水超级民族品牌。”

“现代消费观更注重基于健康品质的个性化、多元化需求，但在品牌繁多、同质化泛滥的包装水市场上，很难找出一款集品质价值、文化价值、综合价值于一体的令人无可挑剔的产品。”

“对于包装水这样刚需性较强的快消品而言，在确保品质价值基础上为产品附加更高品位的文化价值和综合价值，比如从传统文化中汲取营养，通过品牌建设输出中国优秀水文化价值观，或许是中国包装水破圈的有效途径……”

见解独到、分析深刻，说出以上话语的是一位执着钻研“水文化”、倾心打造“水品牌”、匠心开发“水经济”的中年企业家——“水经注”商标品牌创始人、水经注控股集团公司创始人赵序。

/ 执着钻研“水文化” /

水，是生命之源，文明之源，大道之源——中华水文化，一水一世界。

从自然之水到哲学之水，从有形之水到无形之水，在源远流长的中华文明长河中，自然哲学思想的精华非水文化莫属，其与古典而优美的农耕文化相依相伴，反映了古人从生存到发展的文明历程和人们利用自然、改造自然的伟大社会实践，蕴含着深刻的中式哲学思想。中国古代关于水的哲学思想无论是在理论论述方面之丰厚，还是在实践影响方面之深远，都是中华民族精神世界和人类文化宝库中宏伟灿烂的宝藏。

人与水、人与人、人与自然的和谐关系，是中国自然哲学的终极思考。对此，成书于1400多年前魏晋南北朝时期的《水经注》给出了“水德含和，变通在我”的回答。

《水经注》是中国古代水文地理专著、山水散文名著，历史上以“注”代“经”的不朽典范，与《三国志注》《世说新语注》《文选注》并称“四大名注”。

《水经注》传世40卷30多万字，全书以大一统的西汉版图为视野，以三国时期佚名著《水经》为纲，在原作仅1万余字137条水道的基础上详细记载了古代1252条大小河流的发源、流经脉络和归宿，名义上是对《水经》的注释，实际上却是对《水经》进行了异常宏富的扩充，虽为“注”实为“著”，以致后人只知《水经注》而不知《水经》。

《水经注》作者郦道元，北魏官员，地理学家，散文家，后世评价他“为官严猛，权豪惮之，文章博洽，为儒者宗，水经有注，禹贡同功，考据天官，经纬融通，鲁阳安定，勋奇绩雄”。其自幼勤奋好学，博览奇书，少年时代即醉心考察水道地理，一生中足迹遍布北方广大地区，立志做山水知音、为山河立传。

《水经注》被公认为中国古代最全面、最系统的历史地理巨著，而且是一部综合价值极高的百科全书式经典。在编撰《水经注》过程中，郦道元坚持“因水以证地，即地以存古”，对涉及的水道河流无论亲历或神游，均体现出严谨的治学精神和旁征博引与实地踏勘结合的治学作风，不仅运用雄健俊美、妙绝生动、跌宕多姿的笔触描绘了一幅6世纪中国宏阔壮丽的山水画卷，还以全新的地理学视角，在地理框架中容纳了水道流域极其丰富、珍贵的人文历史内容。

《水经注》在中国和世界地理科学史上占有重要地位，无数学者痴迷其中，研究流派各有侧重，相关著作颇丰且内容庞杂，逐渐形成了一门世界性的学问——郦学。古今中外历代学者推崇郦道元为“中世纪世界最伟大的地理学家”“世界地理学先导”“中国游记文学的开创者”，《水经注》更被奉为“宇宙未有之奇书”“中国古代山水游记的太上之作”……须要熟读背诵的中学语文课名篇《三峡》可谓郦氏“水经注中国，一水一世界”的集大成者。

此外，《水经注》还是一部充满爱国主义情怀的经典。即便生逢南北朝政权分立的时代，也并未阻碍郦道元对水上中国跨越时空的求证探索。《水经注》匠心独运的谋篇布局、鲜活精美的语言表达，无不体现出作者对壮美山川的深情热爱与由衷赞美。

《水经注》广博久远的影响深深浸透在中华文化的基因中，是中华文化和优秀水文化的重要代表。

热爱水文化，痴迷《水经注》，强烈的事业心和责任感，对商业敏锐而独特的观察，促使赵序放弃了原本稳定的党政干部工作岗位，走上了“水经注”品牌包装水创业之路。

/ 倾心打造“水品牌” /

《水经注》以能记山水名扬天下，空前绝后而无出其右，其“万水之宗”孤品般、殿堂级、历史性的标志地位，赋予了将其作为饮用水品牌并定位于“国风水饮名片”的合理性与难以超越的品牌核心竞争力。

品牌是产品的灵魂。商品经济的发展规律表明，“商品文化”是推动经济高质量发展的重要因素之一，也是国家软实力乃至核心竞争力的重要指标。劳动产品的文化附加值能够显著提高其市场价值和竞争力——所谓“更高的竞争在文化”。

多年来，无论是对外贸易还是国内贸易，我国日用轻工产品普遍存在“一等质量，二等包装，三等价格”现象。之所以出现这种情况，很大程度上是因为我们的产品在品牌建设方面缺少文化内涵支撑。对此，赵序从“四个方面”娓娓道来，阐释了“水经注”品牌建设的思维和历程。

其一，名副其实。经学是中华民族价值观体系的载体，奠定了中国文化底色，在中华文明史中的特殊地位无与伦比。以诸子百家为代表的人文经典以及自然科学各领域的经学经典历来被奉为圭臬而日用不觉，对人的思想行为和社会关系，以及中华文明形成、社会特征形态和发展模式等的广泛而深远的影响都是无以替代、无法超越的。因此，底蕴深厚的《水经注》用于包装水品牌名称名副其实，不但由内而外凸显了品类，其与生俱来的“万水之宗”基因也极为有利于自身构筑起宽厚的产业竞争壁垒。

其二，顾名思义。从音形义角度分析，“水经注”三个汉字无论单独品味或组合欣赏，美感俱佳，系出名门的文字意象不仅符合思维逻辑且不落俗套，还贴近中国人的文化心理，能广泛激发情感认同，又与国家民族品牌战略合拍，并可完美融于民族品牌复兴的时代背景。

其三，珠玉之和。中国水文化营养取之不尽用之不竭，给予了“水经注”品牌借由水文化进行内容营销的无限创作空间。当解读这样一件基于生理需求驱动的本能行为被圣然地赋予含英咀华、品味经典的精神内涵时，从品牌油然生发出的强大气场和东方水文化魅力将完美衬托出饮者超逸的品位、深邃的格局、睿智的哲思、浪漫的情怀和厚重的身份。因此，对于希望体验“一旦拥有，别无所求”的消费需求而言，“水经注”品牌即是满足这种需求的不二选择。

其四，内外兼修。为更加完美地呈现“国风水饮名片”的品牌气质和“水德含和”的品牌境界，团队历时三年苦思寻觅，累计筛选数万余古代书法汉字进行搭配组合，并从字形、出处、意义等方面反复斟酌，经三度定型，两度废改，无数次精修打磨后才最终确定了“水经注”文字商标的形态。

——“水”，选自明末清初大才子金圣叹手书楹联“雨入花心自成甘苦，水归器内各现方圆”。该联上句出自杜甫《北征》诗“雨露之所濡，甘苦齐结实”，整联以朴素无华的语言对水的内在质变和外在形变进行了描写，从司空见惯的日常现象中深入浅出地表达了极为奥妙的哲思。

水，利万物而不争，却可浮天载地，万物无所不润。老子曰“夫唯不争，天下莫能与之争”！作为品牌和产品名称核心，其“阴阳和合”“五行流通”“包幕天地”的气场与自然之水的能量场高度契合，同时蕴含着极易引发共鸣的深刻哲理，还暗藏“金生水”的五行理念。

——“经”，选自南宋张即之七律《怀保步寺镛公》“华严阁上夜谈经，虎啸风生月正横”。张即之学养深厚，以“能书闻天下”，擅于博采众长且能融会贯通，是中国书法史上为数不多能将禅宗哲思与书法艺术完美融合的人物，被列为南宋末期“琴棋书画”四绝之一，艺术价值弥足珍贵。他的作品“流布天下，人皆宝之”，乾隆帝赞曰“毫素通灵”。

有趣的是，张即之在他生活的宋代就有“水仙”的雅号——其书法可消祝融之灾（火灾）和辟邪的书坛掌故至今仍被传为佳话。张氏“水仙”之经“骨力清奇”“烂漫禅宗”“毫素通灵”的境界与哲学之水的宇宙观交融呼应，神态上隐隐高华，气格不俗，令人百看不厌，回味无穷。

——“注”，选自马王堆汉简帛书。简帛书法（隶变）拥有1000多年发展史，对华夏文明传承与发展起着重要作用，对后世影响深远。马王堆帛书于1973年在长沙马王堆三号汉墓发现，是汉代简帛文献最具价值的发现，对考古学和文字学均具有重大意义。

马王堆帛书之注古雅中透出风流蕴藉，活泼中呈现一派天机，正如注字的含义“释经以明其义”一样，只有含英咀华方能体会其间无穷奥妙。

三个书法汉字的选用组合，联珠合璧，内外兼修，韵味隽永，不仅通过“变通在我”的努力尝试了触达自然之水与哲学之水融会贯通的境界，使品牌标志的“精、气、神”呈现出“气韵富足、气脉贯通、气象超逸”之态，也为品牌价值观的输出丰富了相得益彰的路径，更彰显了品牌的深厚底蕴和超级价值。

/ 匠心开发“水经济” /

质量是产品的生命。江山秀丽出好水，但如何用好水，将其转化为生态溢价的好产品，急需破题。

对此，痴迷《水经注》的赵序并未急于推出产品，而是坚持匠心精神，创新思路找水矿，将眼光瞄定了高质量绿色发展模式，希望将卓越的水资源优势转化为撬动跨越式发展的支点。

水源和水质无疑是所有饮用水品牌的立身之本，也是迅速锁定市场圈层的硬实力。因此，基于水经注“国风水饮名片”的品牌定位，赵序认为“水经注”包装水产品应至少满足“高端品质”与“稀缺资源”或“独特背景”的两种组合之一。

纵观国内市场，几乎所有品牌的包装水水源（无论矿泉水、山泉水、纯净水等）或水源地都可以在《水经注》中找到。而在所有水源当中，有一类特殊的水源与“水经注”品牌本身的地理属性和品牌价值极为适配，即国家地理标志矿泉水，且该类水源同时具备了上述“高端、稀缺、独特”三个属性。

地理标志矿泉水是矿泉水家族中的稀缺品种，其水源中的矿物质含量和丰富程度以及其他界限指标均显著优于普通饮用矿泉水（标准），是上等的饮品。自2004年“吉林长白山天然矿泉水”成为全国首个地理标志矿泉水，到2017年“辽宁弓长岭矿泉水”获得地理标志产品保护至今，全国地理标志保护产品目录中已有12处水源地被官方批准为地理标志水源地，约占全部地理标志产品的千分之五，其他如西藏曲玛弄、广西巴马、黑龙江五大连池等地均为地理标志矿泉水水源地。上乘的水质+特殊的历史地理文化背景+国家背书的荣耀=地理标志矿泉水稀缺珍贵的水源品质。

地理标志产品（Geographical Indication），通常是经一国政府严格认证并授权以“地名+商品通用名”命名的地域名优特产集萃，被视为一个国家自然地理和人文环境以及传统工艺的结晶，官方定义是指产自特定地域，所具有的质量、声誉或其他特性本质上取决于该产地的自然因素和人文因素，经审核批准以地理名称命名的产品。地理标志产品保护制度的起源可追溯至十四世纪法国蓝纹奶酪的皇家许可，其确立和发展过程与国际社会《保护工业产权巴黎公约》以及世贸组织《与贸易有关的知识产权协定》有关。中国地理标志产品保护制度始于20世纪90年代。

其实，中国对地域特产的认识和利用由来已久。早在2500多年前的《晏子春秋》中，就记载了“橘生淮南则为橘，生于淮北则为枳”的典故。中医历来讲究“道地药材”，其根本原因是不同产地的同种药材受各自生存环境的影响，导致药性、药效不尽相同。

俗话说，一方山水一方情，一方水土养一方人。不同地域的人，由于地理、气候等条件不同，导致思想观念和文化性格特征迥异。同样，由于地理标志产品是在长期、特定自然环境中形成并延续至今，不仅蕴含着特定地域的历史、人文、环境等因素，有的还积累了深厚的文化底蕴，形成了内涵丰富的地域特产文化和独特的地理标志文化。

地理标志产品不仅是质量的结晶、信誉的象征、价值的体现，更是集物质文化、历史文化和精神文化传承于一身的特殊商品。久负盛名的贵州茅台酒、云南普洱茶、阳澄湖大闸蟹、五常大米、栖霞苹果、法国香槟酒等国内外众多地理标志产品无一不是所属产地的重要物质标志，它们沉淀出的巨大经济、社会和文化影响力显然已经成为国家软实力体现。

赵序兴奋地表示，“水文地理经典”+地理标志矿泉水堪称门当户对的完美组合。“水经注”品牌将致力于以《水经注图》为路线，专注甄选稀缺独特的地理标志矿泉水，并逐步完成全国地理标志矿泉水的开发战略，最终形成“水经注”系列地理标志矿泉水产品矩阵，为健康中国建设和日益多元化、高端化的市场需求匹配极致的饮用水解决方案。

“水经注”品牌因“水德含和、包幕天地”的禀赋而低调内敛，因“万水之宗、水利万物”的品格魅力而润物无声，因经典名著的出身而具备了格物致知的儒雅风范，因中国书法艺术的“精气神”而传递了“内外兼修，德才兼备”的品牌形象，又因国家背书的荣耀而突出了无可挑剔的地标级产品质量，这些几乎无以复加的价值品质，都将是人们心中“莫能与之争”的终极选择。

2022年4月，全国疫情跌宕反复期间，“水经注”品牌地理标志矿泉水系列中的首款“克东天然苏打水”产品“破茧”亮相，随即获高度关注。对于首款产品，追求完美的赵序留有太多遗憾，他说，计划在2023年完成产品包装升级，希望更多人能够关注并支持“国风水饮名片”发展。

道由白云尽，春与青溪长。对于品牌愿景，赵序表示，围绕“国风水饮名片”目标，希望通过“水经注”品牌讲述中国水文化故事，传播中国优秀文化价值观，将“水经注”打造为中国水饮界的超级民族品牌，使《水经注》这一名著跨界演绎后再度屹立于至高至尊之地位，为做强做优做大中国包装水工业贡献一份智慧和担当。

（文中图片等资料由主人公提供）

一个“专”字厚积薄发

专

尚品本色：专注木门品质20年　鲁班传人匠心打造智能家居领军品牌

李鑫

“尚品本色”商标品牌创始人

尚品本色智能家居有限公司董事长

家和世界，一门之隔。

跨出，便开始了选择。

踏入，即是安心之所。

跨出，踏入，听从内心的指引。

门外是世界，门里是家。

为空间而生的艺术木门——尚品本色木门。

著名国家一级演员陈道明的代言，让我们打开一扇门，不仅能看到一个世界，而且看到产品卓越、人间温情。

著名鲁班故里——山东滕州，是这家尚品本色智能家居有限公司驻地。专注木门品质20年，从跟跑，到并跑，到领跑，“三步”跑出木门制造产业转型发展新天地。

编号：S2021-199

山东知名品牌

尚品本色智能家居有限公司：

你单位的 鑫迪家美、尚品本色木门 ，认定为2021年山东知名品牌，特发此证。

山东省品牌建设促进会

2021年12月20日

旗下“鑫迪家美”“尚品本色”两

个木门商标品牌，分别荣获“中国驰名商标”“山东省著名商标”称号，荣膺“2021年度中国木门十大领军品牌”。

董事长李鑫，是山东省枣庄市青年商会会长、山东省第十二届政协委员、中国木材与木制品流通协会常务理事、全国工商联家居业协会木门专委会副会长，领衔参与多项行业标准制定。荣获“滕州市十佳青年创业之星”“枣庄市优秀企业家”“山东省富民兴鲁劳动奖章”“中国木门行业优秀企业家”等称号。

/ 创业之基：把一人梦想变成大家梦想易成真 /

历史在山水间长大，山水孕育了人类文明。

据悉，滕州之滕，始于黄帝，因境内泉水“腾涌”而得名。《说文解字》：“滕，水超涌也，盖以地近水所汇聚故也。”亦有腾飞之洲美誉。千百年来，这里涌现了“科圣”墨子、“工匠祖师”鲁班等众多先贤圣人、志士仁人。

20世纪70年代，李鑫在古滕大地出生成长，从小受到家乡山水哺育和文化熏陶，他对墨子提出的“兼爱”“非攻”“尚贤”“尚同”“天志”等观点，以兼爱为核心，以节用、尚贤为支等理论，印象深刻。对鲁班发明的锯、风筝、曲尺、墨斗、刨子、凿子等各种木作工具，充满好奇，也一直激励着他崇尚圣贤、不耻下问、勤勉学习、务实苦干。

山东大学经济管理专业毕业后，李鑫应聘到天津鲁华装饰有限公司工作。有志向、有想法、有冲劲的他，干得风生水起，颇受厚爱。身处繁华之地，前途一片光明，而他却不恋舒适，不图安逸，始终念念不忘家乡发展，积极谋划回乡投资创业。

“20世纪90年代，是我国经济腾飞的黄金十年，也是房地产业发展的鼎盛时期。无数高楼平地而起，无数家庭装修新家。我看到装饰行业前景广阔，更重要的是老家有‘祖师爷’鲁班工匠精神的传承，做木工手艺的师傅比较多，这是一大优势。抓住机会，就能够干件大事……”谈起过往，李鑫目光炯炯有神。

如何把自己的梦想变成大家的梦想，寻找一批志同道合的创始人，是创业之初的首要难题。李鑫以热血沸腾的激情和滴水穿石的耐心，跑断腿、磨破嘴，他把自己的梦想一遍遍说给家人听、说给朋友听、说给有意合作的伙伴听、说给有关部门听，不断赢得理解和支持。

2002年，经过一番操办和准备，李鑫团结几位合伙人，筹集资金1000余万元，创建了滕州鑫迪家居装饰材料厂，建成3000多平方米生产车间，拥有30余台套设备。从此，他走上了从一名上班族、打工人向创业者、“小老板”的蜕变之路。

“鑫迪”，取自李鑫的一个鑫字，寓意三金为鑫，金多兴盛、财源茂盛。一个迪字，寓意启迪、开导，象征聪明才智、积极进取，表达了他对企业的深谋远虑和美好祝愿。

虽然是初创企业，李鑫却高度重视产品质量和品牌建设，秉持“质量铸品牌、服务创未来”的经营理念，省吃俭用率先建成国内领先水平的装饰材料专业流水生产线，在生产、研发、销售、售后等方面持续创新。

上下齐心、其利断金。熬过最困难的一段时期，经济效益逐年显现。2003年，公司生产的装修材料获得绿色环保产品认证，达到ISO14001国际环保体系标准，越来越赢得顾客的认可和信任。

2008年，李鑫乘势而上，在滕州市区最繁华地段，投资兴建滕州洛克尔家居体验馆、滕州两岸咖啡西餐酒店，由于设计新颖、风格别致，成为市民商务交流、休闲娱乐的最佳场所。

创意引来人流，人流带来消费。资金回笼比想象中提前，为未来做大企业奠定了扎实基础。李鑫和全体员工奋斗在追逐“同一个梦想、同一个事业”的道路上，蹄疾步稳。

/ 立业之道：把产品品牌变成情感品牌最绵长 /

三年入行，五年懂行，十年称王。成功靠的不是豪言壮语，而是脚踏实地的努力和对时势的洞察把握。

2006年后，装饰行业市场细化细分趋势明显，大而全的产业难以引领潮流，必须在原有赛道上进一步精准再精准。

深入调研和考察后，李鑫决定深耕木门领域，目标直指头部企业。面对众多木门品牌群英荟萃、强势崛起，不仅成百上千家企业相继成立，而且地产商、地板生产企业、橱衣柜企业等也跨界加入，可谓前有老牌标兵，后有新秀追兵，大家有些犹豫和畏难。面对不同声音，李鑫态度坚决、一锤定音：“没有哪个品牌大到不可超越，没有哪个品牌小到不能去竞争，我们要做就要全力以赴，没有最好，只有更好。”

“五千年的中国文化，将许许多多的事物熏陶得绚烂多姿，折映着传统文化博大精深。即便是门，亦为如此。辞书上解释说：门，建筑物的出入口上用作开关的设备，或房屋、车船及用围墙、篱笆围起来地方的出入口……”

李鑫带领同事，从门的起源与发展历史学起，从门的象形文字感悟家居意识，从门的文化典故汲取智慧营养，从门的价值作用强化初心使命，从门的种类形式启发制造水平，为未来门业发展谋划了全面布局，确立了“四梁八柱”。

商战中一路过关斩将，李鑫“办企兴企”越来越老道。其中，他对品牌的认知、感悟越发成熟，有底蕴的品牌最深刻，有创意的品牌最惊艳，有情感的品牌最绵长。现在，公司底蕴和创意都有了，关键是情感。在充分汲取“鑫迪家美”被认定为驰名商标经验的基础上，他对新产品的品牌命名和运用、保护、管理，看得比较重、比较远。

谈起“尚品本色”商标品牌的诞生，李鑫如数家珍。“尚”，通“上”，往上、向上，寓意新打造的产品始终坚持积极向上、争创一流，尚同又是墨子的重要思想之一；“品”，等级，品从、品质、上品、格调之意；“本”，原指草木的根，寓意事物的根源；“色”，成色、足色，外表、类别，代指质量。

“尚品本色”，音调上扬、呼之上口，意蕴深远、独具匠心，既表情又达意。指定使用在木门、家居等商品和服务项目上，指向明确、匹配度高，彰显了我们秉承鲁班传人的工匠精神，将执着于品质的严谨态度与生活艺术的审美高度融合，致力于追求产品和工艺的精益、精致、精巧与精美，始终以“品味生活、精雕细琢”的经典木门奉献客户。一言简之，“尚品本色”做的不仅是木门，还是一种艺术、一种生活态度。

商标，作为品牌的护身符、铁布衫，早注册早受益。“尚品本色”品牌确定后，第一时间先后在多个类别，得到国家有关部门核准，为企业发展保驾护航。

在发展理念上，他们完善了“发展一个公司，成就一个行业”的使命，确立了“客户满意、员工满意、社会满意”的公司和“服务千家万户，成就辉煌人生”的核心价值观，提炼了“学习、创新、合作、敬业”的企业精神。

在产品定位上，主要以生产实木复合门、实木门为主，兼顾生态门、免漆门、滑动门、衣柜门等集成家居。

在技艺质量上，遴选多年从事木门设计、制造的优秀人才，精选来自国内和欧洲、非洲、东南亚等地的优质原生木材，实行微机化控制，流水线作业。严格执行全球化品质标准，专业、专心、专注，做好每一扇门。

“开门的一瞬间，是回家的第一个回声，不仅能带来简约优雅轻松的舒适感，也是开启人与家的起点。在空间色彩上，采用低饱和度的颜色，于朴实清新中展现空间质感，拒绝繁复与华丽，以简单直白的方式迎接家人归来，轻柔的是色彩是材质，更是那颗爱家的心……”“尚品本色”对情感品牌的理解，正一步步转变成实实在在的产品。

/ 兴业之源：把经商赚钱变成实业报国更动人 /

时间长河奔流不息，事物发展日新月异。

从物质条件极度贫乏的20世纪70年代，木门基本手工制作，普遍无暇顾及外观设计等；到改革开放的80年代，专门制作销售木门的小厂家、小作坊越来越多，既追求结实耐用，又追求美观好看成为趋势；进入21世纪，木门行业规范化、规模化、多元化发展成为常态；最近十年，随着科技发展，以及智能家居行业和互联网经济影响，木门行业从产品设计、制作再到宣传、销售整个链条，已变得高度智能化、系统化、个性化……

先下手为强，后下手遭殃。透过现象看清本质，雷厉风行，说干就干是李鑫留给人“干练”的最深印象。

2011年，“尚品本色”与世界500强企业韩国LG集团共同投资3.2亿元，建设LG华奥斯生活素材及家居配饰制造项目，推动完成从单一木门企业到全屋空间定制服务商的转身，以智能家居产品研发为新起点，向行业领军品牌发起冲击。

为促进品牌提质升级，尚品本色智能家居有限公司成立，专注门墙柜一体化定制的研发、生产和销售，全面布局橱衣柜、金属门窗、配套五金、智能家居等，为消费者提供全屋一站式整体空间解决方案。

2019年，公司开疆拓土，投产40万平方米，正式运营尚品本色智能家居工厂4.0项目，致力于将项目打造成国内定制家居行业领航者。此举，标志着“尚品本色”进入国际上游价值链，确立其在国际市场领先地位。

突然而至的新冠疫情，给很多企业带来了不确定性。面对复杂多变的严峻考验，“尚品本色”发展战略坚定不移，从未动摇。他们第一时间复工复产，在危机中努力寻找契机、化危为机，开拓新渠道、新营销、新智造。同时，每年举办近百个城市线上线下同时参与的全国性市场活动，其强大的运作和掌控能力，为代理商鼓足了士气、打足了底气，营收实现逆势增长。

目前，公司占地12万平方米，现代化标准厂房6万平方米，职工1600余人，技术管理人员150余人，年产实木工艺套装门10万套以上，生态门18万套以上，打入全国100多个大中城市，代理商1000多家，门店超过2300家，产品远销非洲、北美、欧洲、中东等地区。

公司发展蒸蒸日上，李鑫的社会责任感也越来越强烈。他决定放慢赚钱的脚步，担当更多社会责任。他带领干部职工捐款捐物13.3万元支持抗疫，到工地送口罩、消毒剂等防护物资，为职工讲解防疫措施、安全常识，以实际行动统筹疫情防控和业务发展。

一个企业做大不是大，一个行业做大才算大；一个品牌国内知名不算知名，世界知名才算知名。李鑫表示，公司将抓住“滕州门业协会”揭牌时机，以“团结、联络、协调、拓展、服务”为宗旨，努力打造木门产业集群，进一步提升滕州木门行业企业的产业素质和综合竞争力，有力带动玻璃、木材加工、五金、物流等行业整体发展。同时，投资成立全国第一家木门商学院，聘请高素质的专家学者，对高管、技术人员、普通员工和经销商、代理商进行培训，勠力同心建设世界一流企业。

时代各有不同，担当一脉相承。“我深深感到，一个人的时间精力是有限的，稍有放松就会被时代淘汰。这么多年来，我不敢歇息，步步紧逼。因为人生苦短，而我们生逢其时、重任在肩，生命的价值不仅在于个人财富的增长，更在于被别人需要，在于为国家、为民族、为乡亲们做了什么。实业报国，发展为民。尚品本色，任重道远……”这是李鑫在深入学习习近平总书记在企业家座谈会上的讲话后内心独白。

尚品本色，“尚”乘之作，品质佳选。

（文中图片等资料由主人公提供）

张笨仁：
一对好兄弟一股笨劲成就小瓜子“大梦想”

张宝明和张宝旺

“张笨仁”商标品牌创始人

天津市鑫兴坚果食品有限公司创始人

在“畿辅门户”天津，无论是乡村城区还是大街小巷的百姓，不仅能说会道，而且还特别爱嗑瓜子。天津市鑫兴坚果食品有限公司的张宝明兄弟凭借一股傻劲生产的“张笨仁”牌瓜子，历经10多年打造，可谓家喻户晓、交口称赞，已成为瓜子产业领域一道靓丽的风景线。

/“创业之初，都有一股傻劲，谁也拉不住”/

作为地跨海河两岸，北京通往东北、华东地区铁路的交通咽喉和远洋航运港口的天津，清朝时期，这里经商做生意，就蔚然成风。生活在这里的人，似乎都有先天的商业头脑。

20世纪70年代初，在这里土生土长的张宝明，是静海区王口镇人。从小他就发现，瓜子是乡亲们平常拿来打发时间最多的零食。

“经过了解，葵花籽不但含有丰富的不饱和脂肪酸、优质蛋白，还含有钾、磷、钙、维生素B1等营养元素，能缓解血浆胆固醇超标、动脉硬化；

所含丰富的钾元素也有保护心脏、预防高血压等作用。从中医角度来说，葵花籽性平，味甘，有化痰定喘、平肝祛风、驱虫等功效，因此适合高脂血症、动脉硬化和高血压患者以及神经衰弱的失眠者食用。对于提升肠胃功能、促进脸部肌肉运动等都有一定作用……”张宝明如数家珍。为了发家致富，也为了带领乡亲们早日脱贫，他萌发了做瓜子生意的梦想。

1998年开始，张宝明和哥哥张宝旺来到北京，开始了最早的瓜子批发生意。几年时间里，兄弟二人积累了丰富的瓜子销售及原料采购经验，随着市场体制的改革以及消费者对产品质量的不断提升，早期的经营模式及产品口味已无法满足更广大消费者的需求，兄弟二人遂萌发了自己建厂研发生产的念头。

2005年初，天津市鑫兴坚果食品有限公司成立，公司先后生产了多种口味的西瓜子、南瓜子等，直至2011公司转型生产大颗粒脱皮葵花籽。

“当时，转型初期，一无厂房、二无技术、三无市场，有的只是把生意干下去的一股傻劲！”

在充分考察国内市场对产品需求的基础上，公司本着“做，就做到最好的”理念，开始了新产品的研发和新厂房建设，这一干就是三年！三年时间，没有卖出一粒瓜子，原因就是张宝明对生产出来的瓜子不满意。

眼看工资都发不出，人心惶惶，也不乏有人相劝：“不行，咱们改行，重头再来。”不认输的张宝明兄弟，就像吃了秤砣铁了心，非要搏一把不可，把家里所有的钱都拿出来，继续研发新的产品。

/“宁可扔掉当垃圾，也不让不满意的瓜子流向市场”/

2014年，正值酷暑七月。张宝明兄弟和研发室的人满头大汗，鸦雀无声。大家反复看着挂钟的时间，“一分钟也不能多煮”作为脱皮瓜子生产工艺关键环节，煮制是核心内容。

用什么样的原料煮？放什么样的辅料煮？到底煮多长时间？……这一系列问题，研发团队经过65次试验后还是没有得到满意答案！就这样，不知经历了多少个悲喜交加的白天夜晚，不知承受了多少次的愁眉苦脸。张宝明兄弟心中，只想着把满意的产品做出来！

付出总会有回报！秉承这种精益求精理念，脱皮瓜子的味道终于达到了预想目标，并在口感上达到了“酥脆香甜，回味绵长”的效果。

煮制工艺成功后，炒制技术同样是难点。脱皮瓜子的重点是将葵花籽黑色表皮去掉，怎么去，去成什么样标准，如何解决脱皮不干净问题，在经历上百次试验和原料损失后，他们终于找到了答案。

为了解决外观整洁、光泽度好等难题，传统企业生产的脱皮瓜子都会在炒制过程中加入滑石粉来打磨抛光，以增加产品美观度。但滑石粉作为一种工业原料，掺杂在食品中长期食用，不仅会诱发直肠癌等疾病，甚至还可能造成食用者小脑萎缩。因此，从食品安全角度和绿色健康角度分析，在经过几十次研究论证后，他们终于研制出一款不利用滑石粉进行打磨抛光的大颗粒脱皮瓜子！

“一个拥有工匠精神的企业领导人，必然会少一些浮躁，多一些纯粹；少一些投机取巧，多一些脚踏实地；少一些急功近利，多一些专注持久；少一些粗制滥造，多一些优品精品。”地方一位领导考察该公司后，对“鑫兴人”由衷称赞。

“好吃不怕没顾客”“让人吃得手都停不下来”……。2018年7月，一次偶然与客户交流中，深受启发的张宝明提议，不如就叫“打手”瓜子。兄弟俩商量后，一拍即合，“打手”瓜子，逐渐声名远扬。

期间，不少人抱怨张宝明兄弟的方法太笨。“笨就笨到底，我们的瓜子索性就叫张笨仁。”灵感就在一瞬间。至今回想起来，张宝明仍激动不已：“张笨仁的商标品牌就是这么来的……”

2019年7月，张宝明兄弟注册的主商标“张笨仁”，经国家知识产权局核准，指定使用在第29类“加工过的坚果”等商品上。之后，他们在第1类、第3类、第4类、第30类、第35类、第40类等百余件商品和服务上进行了延展注册。同时，他们还储备了“月牙美仁”等子商标，不断完善着商标品牌的布局。

/ 质量、人才和学习，“三步”打造品牌竞争力 /

品牌竞争力，对企业的持续发展具有重要意义，决定企业发展的广度和深度，是企业在激烈市场竞争中立于不败之地的制胜法宝。

张宝明兄弟带领“鑫兴人”，不断总结概括“张笨仁”瓜子，从无到有，从小到大的经验教训和品牌文化，提出了“研制一种产品、发扬一种文化、传承一种精神”的发展思路，决定从抓质量、抓人才、抓学习三个步骤，打造独特的品牌竞争力。

第一步，抓质量。公司主旨是做出高质量产品，以满足消费者需求。为此，必须坚持以工匠精神专注做一件事情，精雕细琢，精益求精。严格按照煮制、烘干等各项程序和作业指导书操作，从原料、加工、包装等全流程标准化。其产品先后通过HACCP22000等各类体系认证，并先后与来伊份、良品铺子、百草味等多家知名公司签订长期供货合同，标志着该公司生产的大颗粒脱皮瓜子走在了同类产品前端。其箱装产品已销往北京、上海、山东等31个省份100多个城市，各级代理已形成良性购货循环。

第二步，抓人才。人才是事业发展之基。张宝明兄弟俩敬才爱才、慧眼识才、用心招才、合理用才，主动与大专院校合作，高薪引进高精尖人才，人才引进工作助力产品不断创新发展。目前，在职员工100多人，大多成为各个岗位的技术骨干。

第三步，抓学习。创建学习型企业，全面推进企业文化建设，将企业理念、企业精神等融入员工日常工作及生产行为中。“顾客至上，质量至上，诚信至上”“做的是生意，干的是一份事业；带领的是一个团队，传承的是一种做事的态度”，已成为上下共识。同时，他们紧跟国家政策，把高效、优质、环保作为企业发展动力和根源，对员工进行专业技能及管理制度等多方面培训，形成在学习中创业、在创业中学习的良好氛围。

小瓜子成就大梦想，也做出了大市场。目前，公司常年营业收入8000万元左右，每年上缴税收100万元左右，成为王口镇知名企业。2019年8月，公司作为地区先进企业，受邀到天津市属电视台进行专题访谈介绍经验，为打造王口镇炒货企业“自主创新品牌”迈出了坚实的一步！

未来，张宝明决心带领“鑫兴人”加大力度，进一步研究人们生活节奏紧张之余的休闲文化和物质生活需求；进一步加强商标品牌运营管理，真正让天津的“张笨仁”瓜子，人人爱吃、津津乐道……

（文中图片等资料由主人公提供）

厕重点：
“掉进粪坑”的女企业家10年攻关“免水冲”冬奥会上成亮点

田兰

“厕重点”商标品牌创始人

张掖兰标生物科技有限公司董事长

2022年，举世瞩目的北京冬奥会，精妙绝伦、精彩纷呈、惊喜不断，其中一款使用微生物降解技术的免水冲生态马桶，不仅不见水不见粪，实现粪污“隐身”，无臭无味，而且便于移动，首次亮相冬奥会各大场馆，就受到中外记者、运动员、教练员等啧啧称赞，“厕所里的黑科技为冬奥会保驾护航”成为全球目光注视的一个新亮点。

这家生产无水智慧生态厕所的企业，来自大西北的甘肃张掖；这家企业的掌门人和产品的主要发明创造人，是一位坚毅执着的女士。

她，就是“厕重点”商标品牌创始人、张掖兰标生物科技有限公司董事长田兰。

/ 西北之北，一位美丽女孩悄悄许下“改变厕所”诺言 /

“张国臂掖，以通西域”的张掖，有一座历史悠久的古老县城——民乐县。早在五千多年前，先辈们就在这片土地上繁衍生息。

这里水草丰美、物产富饶，曾以广袤的天然牧场和险要的军事重地闻名遐迩，文化底蕴非常深厚，是古丝绸之路上一颗璀璨明珠。

这里风沙、干旱、严寒，大西北的特殊气候和自然环境给生活在这里的人民，带来了种种不便，尤其上厕所是生活中的一大难题。

在这里出生成长的田兰，天生丽质、发愤图强，历史上千里河西走廊演绎的众多英雄形象，更是让做一名仗义为民的“女侠客梦”在她心中深深扎根。从懂事起，她就立志改变家乡落后面貌，特别是夏天上旱厕时的蚊虫遍地，冬天上旱厕时的烦恼尴尬，以及个别变态男人的窥视等，让人至今心有余悸。她在心中悄悄许下诺言，一定要改变现状，改变现状就从“改变厕所”开始。

考上大学后，田兰选择了农业专业。然而毕业后，她发现“改变厕所”，不仅需要志向，需要知识，更需要资金。为此，她远离家乡，来到扬州“打工”，先后从事货运代理、商务旅游等，吃苦耐劳、诚信本分的她很快挣到了“第一桶金”。

随着资本的积累，田兰的物质财富越积越多，已经是千万富翁的她到世界各地参观游览后，发现心心相系的始终是大西北的一草一木，念念不忘的始终是心中的那份“诺言”。

2012年，田兰毅然决然回到家乡，着手进行创业准备。

/ 掉进粪坑，一位“女爱迪生”十年磨剑彰显创新力量 /

创业，说起来容易做起来难，而创新创造更是难上加难。田兰带领团队走上了一条“自主创新”的艰难之旅。

学习，学习，还是学习，研发，研发，还是研发。田兰脑子里就这一件事。从马桶的历史切入，最初的“虎子”到“马子”再到“马桶”的进化经历，她进行深入了解；收集整理国内外最前沿最热点的生物技术在马桶领域运用成果，她进行深入分析。她说："马桶是一项伟大的发明，作为卫生间中三大件之一，谁也离不开。它解决了人类吃喝拉撒的进出问题，但也有人认为抽水马桶是万恶之源，它消耗了大量生活用水。我们的任务就是解决厕所领域的各类问题……"

一个个不眠之夜、一天天讨论交流，田兰和她的团队做了大量功课，掌握了大量知识。然而，纸上得来终觉浅，绝知此事要躬行。研发，更重要的是到实地进行采样，到实验室进行试验。为此，她不嫌脏不嫌臭不嫌累，只身在不同时期、不同群体中采集粪便、尿液，有时溅到了身上和皮肤上，也全然不顾。春夏秋冬，四季不断，由于长时间对生态菌降解粪便后进行味道测试，她的嗅觉受到很大影响。

衣带渐宽终不悔，为伊消得人憔悴。越是艰苦条件下的选择和坚守，越能照见一个人的信念和本色。田兰的执迷，经常被身边的朋友开玩笑，说她"掉进粪坑"跳不出来了。一位女孩在最美的时光，那么多体面鲜亮的工作不做，却天天和粪便打交道，不理解的朋友挖苦讽刺她，甚至离她远去，而她崇尚的却是小时候学到的爱迪生的一句话——"发明是百分之一的聪明加百分之九十九的勤奋"。"即便成为不了爱迪生，但一样可以创新创造。"她对此深信不疑、笃行不止。因为在她心中，工作没有高低贵贱之分，只有选择不同而已，而且越是没有人愿意去做的工作，越需要人去做。

苦心人、天不负。2015年，田兰通过考试，拿到了环评工程师资格证，而她"掉进粪坑"的创业故事，也赢得了漆远义的关注。由于双方都有在社会底层打拼的经历，也有开创一番事业的愿望。经过几次交流和考察后，她们成为合伙人。有了志同道合者的加持，"改变厕所"的道路越来越蹄疾步稳。

2018年，在政府支持下，田兰创办张掖兰标生物科技有限公司，并与中国科学院上海高等研究院、中国科学院天津工业生物技术研究所等高端科研院所密切合作，致力于微生物菌群领域创新研发、基于代谢模型、设计合成新生态菌群等，通过科技成果技术转化，开发生产出高度集成一体化的生物反应器——无水免冲智慧生态厕所，成为一家集研发、生产、销售、安装于一体的科技型环保合资企业。

宝剑锋从磨砺出，梅花香自苦寒来。经过多年不懈钻研，田兰和她的团队当年就开展了智能一体化无水生物马桶研发，也是国内首先开始研发这种类型的企业之一。她们自主创新“免水冲生态马桶”“一种滑板式粪尿分离器环保厕所以及分类方法”等数十项专利。

产品未动，品牌先行。2019年，田兰经过深思熟虑，为产品取名“厕重点”，谐音“侧重点”，就是重点中的重点，不仅是指厕所是人类生活重点中的重点，也是指产品要做到厕所领域重点品牌中的重点，并分别在第1类、第11类和第35类等申请注册了商标，指定使用在“坐便器、卫生器械和设备”等商品和服务内容上，之后又申请注册了“兰标”“五谷轮回”等商标，知识产权的“护城河”不断加固。对于企业字号中“兰标”的寓意，她说：“就是要用我们的努力，打造马桶行业的新标准，彻底解决几千年来乡亲们上厕所难题。”

甘州区乌江镇元丰村村民苗日红，家里安装“厕重点”后逢人就赞不绝口：“我腿脚不方便，以前尽量少去上厕所。现在不仅不用走远，而且不用水，也省电，关键是没有臭味，一年四季，干净又卫生……”

/ 保障奥运，一位女企业家用情怀和实力创造新的传奇 /

7年科研，3年奋战，累计投入2亿多元研发资金，田兰不达目的不罢休。

2021年6月，无水免冲生物马桶入选甘肃绿色制造体系名单，通过了国际标准化组织“ISO 30500可持续无下水道卫生系统认证标准”的“下一代厕所产品”，取得《CEC环境友好产品认证证书》。

专注、专业、专心的企业家精神，是重新定义产品的“舍利子”，而北京冬奥会的举办，也为“厕重点”免水冲生态马桶一战成名，提供了历史契机。

历经三次升级换代，目前的“厕重点”免水冲马桶，采用独家专利分离系统、纳米抗菌防黏材料、高温发酵生物降解技术及智能控制系统。内部生物仓遍布一种针对排泄物组成部分培养的高效降解微生物菌株，可以将排泄物有效分解，变成有机肥料运走，实现资源再利用。生物仓内设计了特殊高温处理工艺，能快速升温到60—70℃甚至以上，不仅能加快分解速度，提高处理效率，而且还能杀死病原微生物，防止病原扩散。与传统水冲厕所和其他厕所相比，它具有“一免四无”特点，即免水冲洗，无须下水管道、无异味排放、无须开挖管沟和连接上下水、无须转运进行二次处理。一年只需要更换一次生物菌，全年维护费用只需180元。同时，比较有效地助力了新冠疫情防控。在安装使用上，占地面积小，维护方便，操作简单。

凭借以上优势，田兰和她的团队开发的这种“无下水道资源循环利用卫生系统”，经北京冬奥组委测试和评估，成为2022北京冬奥会无水卫生间指定供应商。2021年5月以来，她们全力以赴“备战”冬奥会产品供应，承接了三大赛区和10多个主场馆区域300多座无水生物厕所制造和安装任务。

“世界大事，国家大局；有幸参与，一生荣光。赔钱也要做到最好……”田兰以此统一员工思想，激发大家干劲。她带领16名员工克服冬季施工、疫情防控带来的困难和挑战等，夜以继日、连续奋战，出色完成了冬奥会相关场所卫生间运输安装和调试等保障工作。

谈及未来，田兰既有愿景，也有忧虑。愿景是，继续加大研发力度，将首创的这种利用微生物进行的固、液、气集成式处理的全新工艺路线，进一步从思路上建立完善生态循环模式，节能减排，清洁生产，变废为宝，让“厕重点”走进旅游景区公共厕所，干旱、缺水、无管网偏远农村厕所，部队野战厕所，飞机、高铁、船舶厕所，走进全球各地需要的地方，造福世界人民；忧虑的是目前的三代免水冲生态马桶，订单越来越多，生产任务比较紧，还有在技术迭代日新月异的今天也会杀出新的“黑天鹅”，还有知识产权保护存在薄弱环节，希望有关部门对恶意假冒仿制等“祸祸”行为加大打击力度。

时代没有脚，走的总是人。在经济长河中，民营企业一小步，市场一大步。抢占市场制高点的前提，是抢占技术制高点。伟大品牌的核心是产品。为此，只有不断加强技术创新，做优做强自主核心知识产权，确保产品质量，才是企业常青的唯一正确选择。对此，田兰有清醒的认识。

古往今来，马桶象征着生命之所，甚至《西游记》中的孙悟空把厕所称为“五谷轮回之所”，令人叫绝。

今天，“小厕所、大民生”。小康不小康，厕所算一桩。习近平总书记对“厕所革命”这件小事扭住不放，持续部署。国家已经明确，“十四五”时期要继续把农村厕所革命作为乡村振兴的一项重要工作。在国家乡村振兴、全域旅游、生态战略等背景下，“厕重点”免水冲生态马桶成为行业隐形冠军或许只是时间问题，商海中一个新的传奇正在书写。

长风破浪会有时，直挂云帆济沧海。随着“厕重点”免水冲生态马桶越来越多走进千城万地、千家万户，笔者相信，“随手冲一冲，生活更轻松”“马桶，能冲走任何一切你不想要的东西”等广为人知的广告用语，或许也将成为历史……

厕重点，不简单！

（文中图片等资料由主人公提供）

红烛先锋队

红烛先锋队：
新东方教育科技集团党建品牌点亮“星星之火”

“红烛先锋队”商标品牌创始人
新东方教育科技集团党建团队

忠诚党的教育事业，贯彻党的教育方针；狠抓教师思政建设，办好人民满意教育；坚定信念凝聚力量，立德树人为人师表；诚信负责真情关爱，好学精进志高行远；不忘初心为党育人，牢记使命为国育才。

发出《红烛倡议书》、共唱《我和我的祖国》、重温《入党誓词》……在庆祝中国共产党成立100周年系列活动中，一个民营企业紧跟党的步伐，用独具特色、丰富多彩的党建文化，引领企业砥砺奋进、闯关夺隘、化解危机，高质量发展，书写了新时代波澜壮阔的新画卷。

这家企业，就是拥有60多个党组织、党员近万人的新东方教育科技集团。集团董事长俞敏洪表示，新东方以“成为中国优秀的、令人尊敬的、有文化价值的教育机构”为愿景，始终心怀教育报国理想。集团党委，先后被评选为“海淀区‘党建强、发展强’‘两新’组织党组织”“海淀区先进党组织”“海淀区非公科技领域先进党组织”，“红烛先锋队”党建品牌入选北京市100个两新组织“党建强、发展强”党建品牌项目。

/ 提升站位：注重"四同"全面加强党建工作 /

1993年，东方风来满眼春。

伴随着改革开放的春潮，新东方教育科技集团的前身北京新东方学校成立。近30年来，集团以学生全面成长为核心，以科技为驱动力，始终与祖国发展同心同向，与中国时代进步同力同行，致力于民办教育行业的创新和变革。目前，拥有短期培训系统、基础教育系统、文化传播系统、咨询服务系统、科技产业系统等多个发展平台，打造了覆盖全教育领域的诸多知名教育品牌，成为民办教育的一面旗帜。

翻阅历史的宏伟画卷，实践是最好的证明，民营企业的发展壮大始终离不开党的领导，哪些企业把党的建设与企业改革发展和生产经营管理结合融合得好，党建工作抓得扎实、富有成效，哪些企业的生产经营效益就会更好，企业文化建设就更先进，员工精神面貌就更昂扬。

通过学习和考察了解，公司管理层一致认为，要站在全局看党建，深入历史看党建，着眼长远看党建。党建工作是我国政治事业的重要组成部分，在中国特色社会主义事业发展中发挥着重要的政治核心作用。一方面，有利于国家大政方针落实，使企业紧紧跟上时代步伐。另一方面，有利于强化党员干部和职工群众思想政治意识，不断提升业务能力。民营企业党建与企业发展不仅不矛盾、不对立，而且相互促进、相得益彰，是民营企业自身发展迈向新高度的必由之路。

同时，随着时代的发展，他们发现，传统的党建工作思路及方法已难以满足企业创新发展需要，亟须优化党建工作机制，创新党建工作模式，在实践中探索紧扣教育属性、具有新东方特色的党建新模式——注重党务与业务"同步谋划、同步部署、同步开展、同步考核……"

思路明、决心大、举措实。2013年，经上级党组织批准，中共北京新东方教育科技（集团）有限公司支部委员会成立；2018年，更名改制为中共新东方教育科技集团有限公司委员会。

整体布局、顶层设计、系统加强……随着新东方教育科技集团党委四梁八柱的奠基、精兵强将的到位，党建工作为企业高质高效发展提供坚强的组织保证和力量支持，已经站在了新的起点上。

/ 匠心独运："红烛先锋队"特色IP凝心聚力 /

围绕发展抓党建，抓好党建促发展。集团党委深入学习贯彻习近平新时代中国特色社会主义思想，认真贯彻落实党的方针政策特别是党的十八大以来关于教育科技发展的一系列决策部署，坚持把支部建在第一线，把党员派到最基层，党建发挥着越来越重要的引领作用，成为推动集团高质量发展的红色引擎。

党建要抓好，品牌需先行。2019年，集团党委书记关睿提出了要像打造新东方教育品牌一样，打造新东方党建品牌的愿景。众志成城、集思广益。他们紧贴新时代新形势新任务，挖掘公司成长内因，形成了具有新东方特色的党建品牌——"红烛先锋队"。

"红烛，取自'烛光点亮、先锋育人'理念。有三层含义，一是红烛，象征我们传承党的红色基因、甘做人师育桃李，寓意赤子之心，教书育人；二是烛光，象征着奉献与希望，烛光绥绥，温暖人心，用爱心灌注，用知识启迪；三是先锋队，象征我们团队是集团的骨干力量、积极分子，在集团发展和工作中能够起到攻坚克难、模范带头的作用。整个标识采用红色，进一步强化了党建职能，而烛光火焰和书本的设计形象，则昭示着欣欣向荣的新东方人始终不忘初心和使命，具有较强辨识度和独特韵味……目前，我们已经以此设计制作了队旗和奖牌证书等，并在网站、党徽盒、笔记本、书包纸袋等方面广泛深入使用。"谈起"红烛先锋队"，有着近20年党龄的关睿如数家珍。

“红烛先锋队”IP的诞生，为集团党建品牌提质升级奠定了坚实基础。他们先后在“教育培训”等众多类别上进行了申请注册，使品牌建设起步就踩在法律的节奏上。

独具匠心，品牌惊艳。集团党委乘势而上，打出了夯实“烛台”、点燃“烛心”、拨亮“烛光”一套组合拳。

夯实“烛台”，是指打造“红色引擎”，筑牢组织基础，着力发挥党组织战斗堡垒作用，构建集团内全国党建工作一体化格局。集团党委聚焦把好政治方向，严守意识形态领域阵地，强化纪律意识、规矩意识，建立管理科学、权责明确、分工合理、运转协调的支部运行机制。

点燃“烛心”，是指集团党委以思想教育为抓手，以社会主义核心价值观为统领，狠抓各项学习教育活动开展，让党性为师德铸魂。通过“亮身份、亮职责、亮承诺”提升党员服务质量，依托岗位实践抓转化，通过“红烛奖章”“红烛先锋”评选，使每一位优秀党员成为一面旗帜。

拨亮“烛光”，是指着力发挥“两新”组织党建引领作用，打造系列红烛公益品牌活动，回馈社会。将“红烛先锋队”和新东方教育品牌公益活动“烛光行动——新东方教师社会责任行”结合融合，引领全体教职员工加强政治素养、提升业务水平，积极投身公益事业。

一花引来百花开，万紫千红春满园。“红烛先锋队”党建品牌，如雨后春笋般陆续在全国各地新东方学校落地成长，引领全体党员争当红烛先锋，勇于担当、奉献社会，党组织的政治核心和凝心聚力作用日益得到更大发挥。

/ 互融互促：先进经营理念与企业经营相得益彰 /

把党的政治优势转化为企业的竞争优势、发展优势，把党的政治领导与企业经营发展相统一、相促进，探索出一条以党建引领企业高质量发展之路，是企业党建工作的永恒课题。

一个支部就是一座堡垒，一名党员就是一面旗帜。新东方各级党组织在贯彻执行集团党委统一要求基础上，结合自身实际情况，积极创新方法模式，党建工作开展得有声有色，优秀成果不断涌现。

武汉新东方培训学校党委，坚持党建工作“三同步，三结合”，即党的组织与经营组织同步组建，党建工作与业务工作同步推进，党建成效与发展业务同步考核；党建工作与业务工作相结合，党建活动与企业中心任务相结合，发挥党员作用与促进企业发展相结合，并以主题教育实践活动，作为引领企业发展的制度保障。

新东方苏州学校党委，围绕“激发活力、强化定力、释放动力”路径，创新推出“三堂一体”模式，即以“线下+线上”模式，打造“初心学堂”；以“宣讲+积分”形式，打造“先锋讲堂”；以“活力+梦想”理念，打造“行动课堂”。通过“三堂一体”模式，打造一体化党员教育管理模式，不断以党员“微细胞”激活党组织“大肌体”。

新东方合肥学校党支部，摸索出党建“一二三工作法”，即“一勤”，勤学习，提高政治站位，提升政治能力。“二严”，严抓组织建设，团结同志，扩大队伍；严抓制度落实，落实“三会一课”制度，“两学一做”和“党史学习”常态化制度化。“三灵活”，灵活结合业务实际，结合日常经营活动，助力企业发展；灵活发挥党员作用，多种方式发挥党员先锋模范作用；灵活开展实践活动，创新党建活动形式，彰显新东方特色。

企业重视党建工作，党员为企业争光添彩。平常时候看得出来、关键时刻站得出来、危急关头豁得出来，成为广大党员的行动自觉。“党员先锋岗”“党员示范岗”，在抗击新冠疫情期间同样表现突出。

2020年1月20日，新东方武汉学校所有教职员工在家办公，原有线下授课模式全部转为线上。面对在线直播全新教学模式，很多教师完全没有经验，心里没底。关键时刻，党员教师根据不同年龄学生特点，一遍又一遍设计教材、重构内容、改编课件；在学习各种直播软件新技能同时，带着一系列教学方法到云教室进行检验，下课后及时将教学效果反馈给其他教师和家长。

新东方北京学校党员组建的“红烛先锋队”疫情防控工作小组，坚持每天对办公地点巡视，为教职员工体温监测等；运营团队党员全程24小时在线，作为学习资料的传递渠道，有条不紊按照学习进度向数万名学员家长提供知识切片、学习资料；教辅团队党员和团队用5天时间，完成上万名学员的云教室APP安装和核对工作……

公益是新东方践行社会责任的重要组成部分，也是新东方开展党建工作载体。近年来，集团党委组织优秀党员代表参加国庆前夕志愿者服务活动，为周边企业、居民等提供义务教育咨询服务；结合自身优势，助力“山与海”公益远征计划，迎接40名藏区孩子和老师到新东方参观交流；通过微信小程序，发起“100天红烛‘益’起读”活动，为四川两所希望小学捐赠人文社科类图书900余册。集团党委与新东方公益基金会联合发出倡议，启动“新东方阳光公益课堂”，为上千名农民工子女提供了累计2万学时、价值350万元的线下课程。

为支持全国各地新东方学校党建工作开展，依托集团云办公系统建立“新东方党建”云平台，在全集团分享各个党组织优秀经验。集团党委设立党务管理专职岗位，建设党建活动场地，划拨专项党建活动经费，探索建立党员积分管理制度。

人才是第一资源，无论是党建工作，还是企业发展。党建凝聚人才，人才引领创新。集团党委根据形势发展和业务需要，一方面积极广揽天下英才，另一方面坚决维护员工利益，激发大家主人翁精神，营造大家庭氛围，相互信任、相互理解，同心同德、同舟共济，既能在企业发展顺利时团结一心、努力工作；亦能在企业遇到危机时献计献策、开拓创新，共渡难关，开创新局。

党建强则企业强，党建兴则企业兴。“我很高兴新东方有这么多年轻的党员，将组织的理想与自己的志向高度统一，希望新东方的党员们发挥引领作用，所有新东方人能拧成一股绳，共同努力，为社会进步，为祖国繁荣，为我们每一个孩子的成长贡献出自己的一份力量。”俞敏洪坦言，通过党建工作，企业员工理想信念增强了，团队的凝聚力、战斗力、执行力上来了，党建给企业管理带来实实在在的变化。

“集团重视党建工作，企业经营班子与党委班子协调一致、相得益彰。把党建做实了就是生产力，做强了就是竞争力，做细了就是凝聚力。”法学专业的关睿，俨然是一名资深党务专家。

烛光点亮，先锋育人。“红烛先锋队”特色党建品牌建设不断引领新东方开创高质量发展新局面、新时代、新征程。民营企业拥有更广阔的发展舞台和空间，党建工作必将助力新东方走向下一个辉煌。

（文中图片等资料由主人公团队提供）

圣匠鲁班®

圣匠鲁班：益智“小玩具”巧妙变身国礼文化“大产业”

李浩

“圣匠鲁班”商标品牌创始人

滕州鲁班天工木艺公司总经理

一把锁头特蹊跷，

环环相扣很奇妙。

易拆不易去复原，

一招一式皆有道。

几根小木条，不用钉子和绳子，完全靠自身结构连接支撑，神奇变幻、创意十足。看似很简单，却凝结着不平凡的智慧。它有一个特别的名字——鲁班锁。

一位普通青年，潜心钻研10多年，巧妙注入创新思维，独创38道制木技法，看似很寻常，却凝结着艰辛的付出。它有一个特别的品牌——圣匠鲁班。

这件“小玩具”，在创新驱动引领下，逐渐演变成馈赠佳品的国礼，成为彰显品位内涵的文化大产业，日益走向世界舞台。

这位青年，就是滕州鲁班天工木艺公司总经理，“山东省优秀大学生村官”“山东省青年五四奖章”“全国优秀共青团员”。

/ 神奇的鲁班锁“易拆不易装”/

齐鲁西南，有一座被誉为“三国五邑之地、文化昌明之邦”的历史名城，考古发掘距今7300年的“北辛文化”遗址，表明这里是中华民族最早的文明发源地之一，亦是“科圣”墨子、“工匠祖师”鲁班、“造车鼻祖”奚仲和孟尝君、毛遂的故里——山东省滕州市。

相传春秋时期，鲁国工匠鲁班为了测试儿子智商，用六根木条制作了一件可以拼拆的玩具，后人把这种玩具称作鲁班锁，又称六子连方，因易拆难装还被称为难人木，民间还有憋闷棍、无奈何、孔明锁、八卦锁等名称。

鲁班锁，起源于古代建筑中首创的榫卯结构。天梁、地横，前檐、后挡，左擎、右柱，六木扣合、榫卯相嵌、自成乾坤，非钉非胶也，牢而不破也。

从科学角度看，鲁班锁是一种涉及立体几何知识的玩具，通过几何分割，可以组成多种锁定方式；

从外观角度看，鲁班锁是严丝合缝的十字立方体，奥妙无穷，动动脑筋可拆解，装上可不是那么容易；

从结构角度看，鲁班锁由六根内部有槽的长方体木条，按横竖立三方向各两根咬合在一起，形成一个内部相嵌的结构体，是我国木构结点榫卯技巧达到极致的一种产物；

从文化角度看，鲁班锁凝结了博大精深的中华民族古典文化、人文智慧，为后人传递了知识与乐趣。

据资料记载，早在距今约7000年前的新石器时期河姆渡文化遗址，就发掘大量的结合完好的榫卯结构物。看似普通，但设计难度相当高，卡榫仅借木条的不同凹槽放置、拼凑，挖槽的密合度稍有不足都可能影响结构稳固度。因此，需将木块大小不一的卡榫精准放置才能组合成功，而且只要抽掉一根木条，整个木块就会散架，显示了古人巧夺天工的创造成就。

鲁班锁，最早见于文字记录是清代桃花仙馆主人所著一本魔术书《鹅幻汇编》，当时叫“六子连芳”。书中称它“乃益智之具，若七巧板、九连环然也。其源出于戏术家”。6根短木分别冠以六艺，中间有缺，以缺相合，作十字双交形。民间艺人利用鲁班锁结构制出多种工艺品，如绕线板、筷子筒、烛台、健身球等。近代还有用塑料和木材制造的组合球、组合马、魔方锁扣和镜框等，对放松身心，开发大脑，灵活手指均有好处，是老少皆宜的休闲玩具。

现代成语“班门弄斧”“有眼不识泰山”等都出自鲁班和鲁班锁的故事。1987年，中国建筑业联合会设立“建筑工程鲁班奖”；1996年，原建设部设立中国建筑工程鲁班奖（国家优质工程）。

2008年，为纪念和传承鲁班的工匠精神，滕州市建设鲁班纪念馆，采用仿古式建筑风格，以土木建筑为主，混凝土框架为辅，构建飞檐画栋、美轮美奂的古建筑风貌，突出精巧典雅的灵性与特色。作为全国建筑体量最大、功能最全的纪念鲁班的专门场馆，充分发挥了“科技发明展示中心、寻根感恩祭拜中心、爱国主义教育中心、旅游休闲体验中心、鲁班文化传承中心”的功能。

/ 独创的新品牌“老树开新花” /

一方山水有一方情，一方水土养一方人。

1985年11月，李浩在滕州出生成长。聆听着墨子、鲁班、毛遂等先贤故事长大的他，自小聪慧灵动、不耻下问，而且对于数字和结构有着近乎天生的敏感，加之受家乡老艺人们耳濡目染的启蒙，渐渐地对鲁班锁产生了浓厚的兴趣。

2009年，大学毕业的李浩怀着对家乡深深的眷恋，“从哪里来回到哪里去。”在担任前韩村村主任助理后，他深刻地认识到，新农村建设必须以发展农村经济为基础。通过调研，他发现选择手工加工类创业项目具有准入门槛低、带动面广、风险小等优势，尤其滕州市是工匠始祖鲁班的故里，制作鲁班锁有鲜明的地方特色。

从想法到做法，最短的距离是行动。2010年9月，在当地政府支持下，李浩从镇里大学生创业服务平台申请5万元贷款，注册成立滕州鲁班天工木艺有限公司，下决心研发鲁班锁工艺制品。起初，他和几位同事蹲在破旧的临时厂房里，仔细研究鲁班锁结构，尝试动手制作。经历一个又一个通宵达旦，却始终不得要领。

三顾茅庐、借船出海，是创业初期的一个捷径。李浩辗转找到家乡有名的老木匠贾师傅，诚意拜师的他却被浇了一盆冷水。贾师傅给他算了一笔账，随着社会的发展，鲁班锁已经从纯手工制作，可以由机械全自动化制作，市场价格不高，利润空间很小，不值得干。

然而，李浩志不在此，面对有着上千年历史的鲁班锁，他有着更深远的考量和布局。他的想法是进行设计创新，打造成可把玩、可欣赏、可收藏的新时代网红工艺品、旅游纪念品，甚至国礼文化产业。

经过多次推心置腹交流沟通，贾师傅成为李浩木艺厂里第一位木工师傅。小工厂需要运营，他从木工技术学起，身兼设计员、管理员、采购员，边生产边摸索，边学习边实践。功夫不负有心人，通过五个多月坚持不懈努力，第一批鲁班锁工艺制品终于“横空出世”。

在新设计的鲁班锁上，不仅可以看到代表滕州地方文化的图案，还在紫檀、花梨、酸枝等名贵硬木上运用了嵌银丝、雕花等工艺。“现在，一个12根木条组成的鲁班锁工艺品、旅游纪念品能卖几十元甚至上千元，最贵的紫檀木鲁班锁售价超过万元。普通的小玩具巧妙变身成高端礼品。”李浩说。

质量是前提，品牌是关键。伴随着鲁班锁工艺制品的创新研发，李浩始终念念不忘给新产品一个身份定位。经过一段时间日思夜想和寻计问策，在多轮筛选后，他决定取名“圣匠鲁班”。

“圣，是指人格最高尚的、智慧最高超的人，圣哲、圣人、圣手等；匠，木工也，引申为制造、教、巧妙的构思等。鲁班，可谓家喻户晓、耳熟能详。两者结合，寓意我们以当好鲁班传人为己任，秉承‘弘扬鲁班文化、传承中华手艺’的理念，发扬‘开拓创新、精益求精’的工匠精神，采用天然环保的优质中国大漆，以紫檀、花梨、酸枝等名贵硬木为材质，精工细作，潜心打造独具鲁班文化特色的红木品牌产品，向世界传递中国文化的无限魅力，充分体现公司的初心使命和愿景目标。”李浩侃侃而谈，兴奋之情，溢于言表。

经过精心设计，“圣匠鲁班”用黑体加粗，彰显深厚底蕴、稳重大气。鲁字中间似木匠的代表工具刨子剪影，凸显行业属性，既有人文情感，又有艺术美感，兼有灵巧动感，看之赏心悦目，读之朗朗上口。标注在鲁班锁上，高度匹配、恰到好处，独具民族风格和地方特色，不但有很强的实用性、很美的观赏性，而且具有增值的收藏性，是馈赠友人贵宾的佳品上作。如同“老树开新花”，“圣匠鲁班”锁成为鲁班故里的一张文化名片，熠熠生辉。

2017年，李浩先后在第20类竹木工艺品、家具等商品和服务项目上申请注册了50多件商标。有了知识产权的保驾护航，“圣匠鲁班”站在了蹄疾步稳发展的新起点上。

/ 智能的非遗品“走向全世界” /

创业之路绝非一帆风顺。正当李浩享受着成功研制出“圣匠鲁班”锁的喜悦时，销售并没有想象中顺利。

“眼看着就要过年了，半年来生产的鲁班锁都堆积在仓库里，别说流动资金，连工人的工资也拿不出来。”李浩东借西凑，总算让大家过了个团圆年。

质量至上、品牌是金、渠道为王。创业路上的李浩，“生意经”越念越熟悉。为了尽快促进公司走上正轨，他一方面加大研发新产品力度，另一方面加大品牌推广力度。

在研发上，公司陆续生产了鲁班锁、文房办公、梳镜文玩、香道禅艺、工艺摆件、红木家具系列六大类产品，同时提供文化产品个性化定制服务。在完成六根、九根结构的“鲁班锁”后，他们设计并成功制作出目前最为复杂的24根结构的“鲁班锁”。

在推销上，李浩带领团队广泛参加各类展销会，有时一周跑三四个城市。先后参加了《星光大道》、山东非遗传习大课堂、深圳文博会、山东省文博会等各类展会活动，成功举办三届鲁班锁拆装大赛，在多家学校建设鲁班工坊，与山东工艺美术学院签订产学研合作协议。

2013年，首届鲁班文化节举办，“圣匠鲁班”锁成为滕州城市名片；2014年5月，“圣匠鲁班”锁列入枣庄市“非物质文化遗产”，李浩成为非物质文化遗产鲁班锁代表性传承人。

习近平总书记指出，要推动中华优秀传统文化创造性转化、创新性发展。创造性转化、创新性发展离不开科学技术的支持。时代发展到今天，科学技术的发展越来越广泛地渗透到文化产业领域，智能制造是必然趋势。李浩不仅看到这一点，而且带领公司及时入驻滕州市墨子科创园，着手建设墨子鲁班文创产品及木制品智能制造基地，利用现代信息技术，为墨子鲁班文创产品建立数据库，实现墨子鲁班文化数字化，让墨子鲁班文化以数据的形式记录下来，打造墨子鲁班文化传承新模式。

经过多年市场考验和历练，公司设计开发了以鲁班锁为代表的8大类100余种“圣匠鲁班”文化品牌系列工艺品，获得国家专利11项，成为山东省枣庄市特色旅游纪念品。“圣匠鲁班”“鎏金”红木文化产品采用传统的红木雕刻和镶嵌工艺，应用中国画的白描技法，展现不同形式的山水花鸟、古装人物、青铜器花纹和汉画像石纹样，产品在造型、镶嵌和雕刻艺术上巧妙地融为一体，堪称精美绝伦的艺术品。

“圣匠鲁班”文化创意产品，先后荣获首届中国年博会金奖、第七届中国国际旅游商品大赛铜奖、第二届中国国际林业产业博览会优质奖、山东省旅游产品创意设计金奖，获评“十大最具山东特色文化产品”，参展第四届、第五届山东省文博会。

2014年，“圣匠鲁班”锁系列旅游工艺品被列入“非物质文化遗产”名录，被评为“2014山东省旅游商品十佳品牌”参展第三届中国非遗博览会、第四届中国旅游年会。

2014年10月，我国领导人向德国总理默克尔赠送了一把精致的“圣匠鲁班”锁；2017年，“圣匠鲁班”锁列入首批“山东好礼一城一品”旅游商品推荐清单；2018年9月，外交部蓝厅，“圣匠鲁班”锁“和而不同”作为国礼赠送给中外嘉宾；2019年10月，云纹镶嵌檀木“圣匠鲁班”锁入选“新中国成立70周年”礼品库。

从一个人一把锯子到研发、生产、销售一体的百余人团队；从一件普

通“小玩具”，到创出一片文化大产业。公司实现近千万元产值，带动村民就业100多人，先后出资10万余元资助贫困学生。对此，李浩并不满足：“我越来越感觉到，鲁班精神就在于敢于创新、勇于实践、精益求精，而我希望把这种精神传递给更多的人。”

民族的就是世界的。“鲁班锁是老祖宗发明的，体现着我们的文化自信，一定一代一代传下去，把它发扬光大，走向世界。今天，鲁班锁从外形到材料都在不断改变着，甚至以它特殊的造型方式在艺术领域崭露头角。实现中华民族伟大复兴的中国梦，不仅需要大批科学技术专家，同时也需要千千万万的能工巧匠。‘工匠精神’作为一种优秀的职业道德文化，应大力弘扬。”

从李浩一言一语中，从鲁班锁一榫一卯间，笔者仿佛看到穿越千年历史的“圣匠鲁班”，正缓缓走来，越来越近……

（文中图片等资料由主人公提供）

一个“品”字声名远扬

品

阳坊胜利涮羊肉：为了“胜利”，父女同心接力做“匠人”

李胜利和李晶蕾

北京阳坊胜利食品有限公司创始人
李胜利、总经理李晶蕾

做涮羊肉，需要匠人精神？

核心秘方，为何无偿公开？

祖传手艺，怎样守正创新？

从一家15平方米的小吃铺子，到遍布京沪各商务街区和高势能购物中心，众多食客纷纷慕名而来，长年门庭若市。一个五代人手艺传承百余年的故事，在京城街头巷尾成为美谈。

这个故事的主角，就是北京阳坊胜利涮羊肉（以下简称“阳坊胜利”）创始人李胜利、总经理李晶蕾。如同金一南在《心胜》中讲到“军人最宝贵的精神就是胜利精神。除去胜利一无所求，为了胜利一无所惜”。在李胜利和女儿李晶蕾的创业历程中，他们始终秉承匠人精神，为了“胜利”一无所惜，创造了商海必胜的新战例。

“清朝镖局、羊坊金顶”——祖传手艺不能丢

“食之味也，人之欲也。”据传，4000多年前，我们就有了吃羊肉的记载。

宋代《太平广记》中，关于羊肉的记述有40多种。羊肉具有养生保健和滋补的作用，自古就是人们重要的食物选择。三伏养生吃羊肉，冬天养生吃羊肉，夏天烤羊肉串，冬天涮羊肉。

清初，阳坊地区因为地处西北进京要冲，成为关南塞北人来货往的交易中心，以羊市为特色的集市贸易兴盛。阳坊的西贯市村是京北地区最大的回民集聚地，回民一方面沿袭回族饮食习惯，另一方面较多从事传统保镖及附属食宿客栈等服务业，羊市集衍生出的羊肉屠宰分拣、烹制餐饮等系列营生逐渐成为北京城相关饮食业的供应集散地。

史料记载，1900年8月，八国联军攻入京师，迫使慈禧太后、光绪皇帝西狩，一行人首夜就落脚到了紫禁城西北30千米的西山脚下——阳坊镇西贯市村。李氏族长到村口迎接，并安排在清真寺大殿休息，又备好美食进呈。其所献美食即羊肉汤、羊杂汤、烧饼、玉米等。虽无宫廷御膳之精美，却深得慈禧及光绪喜爱，缓解了紧张、疲乏。次日，光裕镖局东家李锡厚备骡驮轿，并派镖师杨巨川一同护送至西安，后再护驾回銮。慈禧太后与光绪皇帝感念西贯市村百姓的深情厚谊，分别为清真寺题赠匾额——“灵感昭著”“忠输亲上”，对护驾有功的李氏族长、镖局东家赏顶戴。

此后，因京张铁路通车等原因，镖局几近没落，李锡厚遂将精力投入光裕镖局下辖“光裕客栈”的经营中，以牛羊肉为特色菜肴，立足本乡、扩大营生。一百多年后的今天，曾经的镖局已经成为史书里的一页，而那经典的美味穿越历史传袭至今。

第四代传承人，就是本文的主人公李胜利；第五代传承人，则是李胜

利的女儿李晶蕾。

20世纪80年代初，改革开放的春风吹到了阳坊镇西贯市村，为了生计，李胜利和妻子四处借钱把村里不起眼的15平方米的破旧石料房改建为一间小小的铺子，起早贪黑卖起了烧饼和羊杂。

谈起创业初期，李胜利感慨万千：“记得那是1983年5月，我结婚的第二天，家里多了一双筷子，粮食不够吃啊！好在妻子家里相对宽裕，当我妈看到妻子推着粮食进家门的那一刻，眼泪都流下来了，这眼泪，成了我一生奋发图强的力量源泉。第二年，随着孩子的出生，日子就更愁了。1984年9月，我们两口子商量，注册成立个体工商户，利用自己家传的手艺，做羊肉生意，就算是做不大，也能先解决温饱问题，就这样阳坊胜利第一家15平方米的小店就开张了，这就是我们的起源店，也是阳坊镇上第一家涮羊肉饭馆……”

妻子杨秀清接过话茬：“万事开头难。老李凭借着心灵手巧和吃苦耐劳，变废为宝，用向日葵秆儿做成桌面，到废品站找来废铁管儿做了三条腿儿的凳子……从此，我们全身心投入涮羊肉生意中，我在前厅服务、吧台算账，他用起了祖传的手艺，切肉、烙烧饼等，一招一式、有板有眼，后来还发明了胜利锅，并申请到了专利呢……”

创业艰难，守业更难。李晶蕾边听着父母的介绍，边陷入了深思。她感到了责任重大，也感到了使命光荣。

“以诚待人、以德经商”——祖训千钧不能忘

量足、质优、价稳、干净。

秉持“以诚待人，以德经商”的祖训，小店顾客越来越多，生意越来越好。李胜利夫妇将小店铺逐渐扩建为小餐馆，清真涮羊肉成为主营项目。

迈出第一步，走稳每一步。李胜利夫妇始终坚持蹄疾步稳、注重细节

打磨、真正精益求精、追求尽善尽美，把祖训要求落实到食材品质和服务品质全流程的每一个环节。

从产地、牧草、选种、养育到屠宰、肉质、锁鲜、加工的全链条生产方案，是李胜利反复总结提炼的非遗秘方。尽管食材成本一直高于市场平均水平，但也因为坚持用好食材，清水涮羊肉才能香甜不膻。几十年下来，阳坊胜利积累了大批忠实顾客，甚至有的祖孙三代一直在吃，实实在在的高品质拴住了众多老顾客的胃，抓住了老顾客的心，成为阳坊胜利宝贵的核心资产，打造了老少皆知的金字招牌，越来越多的“头回客”变成“回头客”。

“真心、真意、真诚、真货、真价”“精做、精洁、精细、精美、精道”的优良品质，让阳坊胜利尝到了“甜头”，避免了栽“跟头”。从黑头白羊羊肉到澳洲牛肉，再到云南的菌子、时蔬和无土栽培的菜苗……对食材要求越来越高。2023年，他们推出的胜利降雪花羊背尖，就是将黑头白羊的公羔羊在沙窝牧场放养半年多后，从百余头中精选一头，只取羊背尖的部位，堪称羊肉中可以按克卖的“黄金”。

为此，阳坊胜利投入巨资创建生产基地。在羊肉制作中坚持沿用古法技艺，费时费力，虽繁不减。在日常经营中即便一座难求，也坚持品质路线不动摇，提供热情而有边界感的服务，日日月月、岁岁年年，长期坚持、义无反顾。

全国首家在餐饮服务行业做ISO9001质量管理体系认证，昌平区第一家非公党支部的建立，“非典”时的全员封闭式大练兵，特许连锁发展等一次次的组织调整和改革发展，时间见证了阳坊胜利的壮大之路。

创业不停步，创新无止境。不断的强化管理、完善制度、提升菜品质量和服务水平，李胜利开始琢磨走集团化发展之路，确立了“弘扬清真饮食文化，振兴民族餐饮品牌”的企业使命，不仅成为一家全国连锁的涮羊肉餐饮品牌，拥有上游的自有牧场，星级酒店的产业集团，更带动了阳坊镇上一大批涮羊肉品牌，形成了地区核心的区域产业。

然而，商海风云、变幻莫测。随着事业的发展壮大，这家以地域命名的“阳坊涮羊肉”，虽然也申请注册了商标，受到法律保护。但少数商家面对利益诱惑，或明目张胆或隐而不宣使用“阳坊涮羊肉”的商标品牌。外观看似大同小异，口味其实千差万别。

李胜利从小受到家风祖训的教导，为人厚道实在，处事公道宽容。面对市场上混杂了多家打着“阳坊”旗号的品牌，他本着做大阳坊镇涮羊肉和共同发展富裕的初心，并未追究同行侵权责任。事实上，却给自己埋下隐患，除了阳坊镇上的土著居民，外地慕名阳坊涮羊肉的顾客并不知道哪一家才是真正的阳坊涮羊肉。

行业存在的种种乱象，让消费者不仅难以吃到真正的好羊肉，就连摆在他们面前的羊肉到底好不好，甚至羊肉是不是由鸭肉做成，都难以分辨，难以品鉴。这不仅伤害了顾客的权益，也影响了大众对餐饮市场的热情。

须知，品牌是成功的标志，更是成功的保证。在商圈里有句名言：“比资金重要的是资源，比资源重要的是思想，比思想重要的是创意。”由于品牌创意策划和无形资产挖掘滞后，阳坊胜利涮羊肉的门头招牌等，证明和强化“阳坊涮羊肉”开创者信息有限，特别是在讲好品牌故事上还有较大差距。原有的宣传推广，因过于分散，缺乏主线，导致用户记忆点失焦。

除了“老”，没有传递更多有价值信息，事业发展进入瓶颈期。

顾客消费的不仅仅是产品，更是体验，而独具差异化的流程、个性化的产品、传奇的故事构成了阳坊胜利的独有品牌印象。比起单纯地讲食材品质，无疑这样的文学性表达更增加了故事性、戏剧性……

新时代新机遇，新挑战新作为，阳坊胜利涮羊肉，亟须破圈破局。

“公开秘方、标准先行”——走好新的胜利路

经过一番调研，李胜利认为，走好新的阳坊胜利涮羊肉之路，需要聚焦品牌升级和规范标准“两个方面”，担子压在了接班人李晶蕾的身上。

2010年前后，李晶蕾在宝洁日化公司和麦肯锡咨询公司工作。当时，父母的涮肉店已经营多年，小有规模。李胜利的心愿是：“我希望企业能够长久做下去，做成百年企业，让更多的人享受到‘胜利’发展的果实……”

美食世界充满无限魅力。然而当时，李晶蕾并不懂餐饮，也志不在此，但她还是希望能用自己的知识，帮助父亲完成愿望。于是，她就以“公司治理结构和股权激励”咨询项目的名义第一次进入自家企业。父亲是甲方，她是乙方。然而，当她走进公司、走近顾客，走入草原、走向市场，越是深入研究，越能发现餐饮行业的动人之处、复杂之处、好玩之处。

有了对行业的深刻认知，才有清晰管用的思路招法。加上以前的知识积淀和阅历积累，李晶蕾开始以更专业的品牌思维重新梳理和审视父母经营多年的餐厅。

品牌升级规划，首先确定“阳坊胜利涮羊肉”主品牌，强调自主拥有“阳坊胜利”“老阳坊”“阳坊”等餐饮商标专用权，进一步完善其专利、商标、实用新型、外观设计等知识产权，深入挖掘潜力，讲好品牌故事，防范侵权行为；其次，店面门头增加“李胜利创始于1984”，提高辨识度，强调“阳坊涮羊肉，胜利才正宗”，避免慕名而来的顾客认知混淆；再次，创

新就餐仪式感，从顾客体验场景出发，强调涮羊肉的仪式感，创造性地把“锡盟黑头白羊羊肉片”“御赐麻酱”“古法糖蒜”“发家烧饼”组成“胜利四宝”，形成一个阳坊胜利涮羊肉的正宗吃法，既增加了故事性和传播性，也从根本上与竞争品牌形成差异化。

餐饮行业，最大的威胁就是食品安全。目前火锅市场上羊肉质量鱼龙混杂，乱象频出，不但侵害消费者，也威胁到整个行业的声誉。背后原因，就是缺乏相应的标准。

经过十余年连续在草原上的走访，从与牧民朋友交流，到草原羊肉加工企业调研，李晶蕾发现那些老顾客愿意追随阳坊胜利涮肉的根本原因，就是一直坚持祖辈留下来的好羊肉品质的手艺。

2022年，阳坊胜利从选种、牧羊到加工，再到涮肉制作的完整涮羊肉的技艺，被认定为北京市级非物质文化遗产。

拥有这样的秘方，必定会锁进保险箱，谁敢让同行“抄作业”。然而，李晶蕾和父母商议后，却做了一个不一样的决定：无偿公开。

2023年8月26日，经多年潜心研究，“阳坊胜利”联合北京市营养源研究所、北京农学院等单位，共同制订《草原天然牧养羊肉 阳坊胜利非遗技艺羊肉》T/BFI0001–2023团体标准，并向全社会全行业公开。明确提出行业系统指标要求和操作规范，科学定义了“好羊肉”标准，为行业提供了质量判定的科学依据。

发布会上，李胜利道出了公开独家秘方的心声：“餐饮行业是一个整体，企业之间都不是孤立存在的，都有自己的角色和使命。阳坊胜利的使命，就是坚持祖上代代相传的‘非遗手艺’，追求极致，初心不变。不想有个好东西就捂着藏着，把它标准化公开化，让整个行业共享，才有餐饮业共同繁荣，才能融入中华民族饮食文化长河中……”

李晶蕾则说：“扎根在餐饮行业越久越觉得，除了开更多的店，还要把这个事情做得有价值、有意义，真正为社会、为行业做出贡献。”

路漫漫其修远兮。阳坊胜利迈出了关键性的一步，引领着更多企业像阳坊胜利一样，勇于牵头制定标准，敢于公开标准，必定迎来共建共享共同发展的大好局面。为此，阳坊胜利牵头成立“非遗技艺羊肉标准联盟”，意味着全行业都可以加入联盟，学习非遗羊肉技艺。

人间烟火气，最抚凡人心。李晶蕾在行业中开展以“爱”为主题的烟火味，在员工中开展“每日创意奖”，在顾客中开展“幸福团圆饭”等耳目一新的配套活动。

老品牌，新态度，让非遗好羊肉融入年轻一代人生活方式。在享受美食同时，让年轻人了解到其品牌背后的历史文化与价值理念：“阳坊，古称羊坊，自辽代起就是关外赶羊、贩羊入京的牛羊集市古镇，也是北京最大的回民聚集地。悠久的地域文化、独特的民族风情滋养了无数勤劳朴实的人民，也创造了独具特色的饮食文化。以涮羊肉为主的餐饮业十分兴旺，肉质肥而不腻、瘦而不柴，肉质细嫩、味道鲜美。”

“胜利，不仅是成功的意思，更寓意着一件事坚持到最后，倡导的是久久为功、持之以恒、坚持不懈、精益求精的文化内涵和工匠精神……”由此，阳坊胜利与消费者相互建立了更亲密的情感连接和精神共鸣，更具文化积淀，更利积聚品牌资产。

历经磨难，方成大业。《致敬我帅气、智慧的父亲》一文，是李晶蕾的真情流露：“感谢父辈的艰辛创业，感谢所有胜利人的忠诚坚守，感谢所有老主顾的一路支持！无以为报，唯有不忘初心、坚守传承，为大家奉上香甜不膻的好羊肉和更好的美食体验！守业路上没有那么多波澜起伏，唯有如履薄冰，用心坚持，守正才能创新……父母的人生离不开阳坊胜利，我的成长和生活得益于阳坊胜利，我的父母既是我的父母，也是阳坊胜利的父母。我爱父母，我爱阳坊胜利涮羊肉！”

历尽千帆，不染风尘。深怀赤子之心的李胜利常说：“吃水不忘挖井人，吃饭不忘种粮人。自己和企业的成功源于国家的发展、时代的进步。”

多年来，他尽己所能，履行着一个民营企业家的社会责任，在脱贫攻坚、乡村振兴、抗灾救灾、疫情防控等方面捐款捐物，做了大量好事善事。

岁月恒久远，经典永流传。经典之所以成为经典，在于将品牌精神一以贯之的延续。近两百年非遗技艺，五代人匠心坚持，成就阳坊胜利——让每个人都能享受到阳坊胜利好羊肉带来的幸福感。

2023年10月23日，习近平总书记在同中华全国总工会新一届领导班子成员集体谈话时强调，要大力弘扬劳模精神、劳动精神、工匠精神，发挥好劳模工匠示范引领作用，激励广大职工在辛勤劳动、诚实劳动、创造性劳动中成就梦想。

李胜利、李晶蕾学习习近平总书记的讲话，越学越有信心，越学越有干劲。他们坚信，品质与品牌，犹如水与鱼，水势浩渺清澈，就会海阔凭鱼跃；水浅浑浊断流，则鱼就无法生存。

面对未来，深情不减。走好新的胜利路，阳坊胜利不惧风雨、无畏险阻……

鞋子车轮 SHOES WHEELS：
85后企业家把“变形金刚”梦想变成“高品质车轮”现实

李政霖

“鞋子车轮 SHOES WHEELS”商标品牌创始人

山东金马汽车装备科技有限公司董事长

人有鞋子，犹如车有轮子。

一双好鞋走天下，一件好的车轮驰骋全球。

从喜欢“变形金刚”到“做世界上最好的车轮”，一位85后青年执着梦想、勇于实干、敢于创新，创建了一家集铝合金、铝镁合金新材料以及铝合金、铝镁合金汽车轮毂设计、研发、生产、销售一体的高新技术企业。公司占地500余亩，现有年产30万吨再生铝合金循环利用项目、设计年产600万支汽车轮毂项目，世界一流的高性能、轻量化轮毂生产线，主导产品为14—32英寸铝合金、铝镁合金汽车轮毂，主要销往欧美、日韩、中东等国家和地区以及国内各大汽车厂。他用一步一个脚印的实际行动，书写了新时代沂蒙青年创新创业的奋斗故事。

他，就是“鞋子车轮SHOES WHEELS”商标品牌创始人、山东金马汽车装备科技有限公司董事长李政霖，他还是中国青年企业家协会理事、CAW铝车轮质量协会理事、山东省青联委员、临沂市质量协会会长等，他先后荣获“山东省技术市场科技金桥奖”“山东省铸造协会优秀个人”“山东省发明协会先进个人”“汽车行业十大青年企业家”等荣誉称号。

/ 热爱引路，走上车企赛道 /

1988年，李政霖出生在革命老区临沂。父母为人忠厚，勤劳创业，日积月累，家庭相对殷实，他的童年是看着动画片《变形金刚》，也就是汽车人长大的。所以，他从小就酷爱汽车，儿时的梦想就是将来要做一个真正的汽车人。

有梦想，有行动，人生就会有出彩的机会。李政霖学习上刻苦勤奋，遇事善于思考钻研。他不仅顺利毕业于山东大学软件工程专业，而且完成了硕士研究生学业。

走向社会的李政霖，像父辈一样选择创业致富。起初，他和家人一起做建材生意，吃过一些苦，受过很多累，这些经历却没有动摇他干事创业的信心和决心。

在商海里摸爬滚打的李政霖，始终坚持收藏喜欢的各类“车模”。一次，在传统铸造行业转型升级的过程中，他接触到了汽车装备制造行业。经过一段时间考察，他发现汽车零部件产业是汽车工业的基础，是支撑汽车工业持续健康发展的重要因素。只有零部件产业的发展，才有整个汽车工业的发展。汽车改装行业在欧、美、日、韩、中东等地非常流行，而且无论什么类型的车都要用到车轮。于是，他灵机一动，决心“试水”做汽车车轮。

2013年6月，在家人支持下，李政霖创办了山东金马汽车装备科技有限公司，正式进军汽车轮毂行业。“金马”，是他从“金戈铁马，驰骋天下”的愿景中取的两个字，寄托着他深厚的情怀和宏大的志向。

创业之初，一缺人才，二缺技术，三缺资金。大多数人遭遇的“三缺”，他一样不少。

开弓没有回头箭。在荒无人烟的工地上，李政霖带领工友一干就是好几天。“期间，我也打过退堂鼓，但想想自己的初心，想想成功后的喜悦，既然选择了远方，便只顾风雨兼程，自己就这么不知不觉坚持了下来。”回首来路，每个人都有自己的感慨，他的感慨同样朴实而自然。

/ 自主创新，打造价值品牌 /

品牌是企业的形象，承载着产品的质量。

经过对世界范围内汽车轮毂品牌的调研，李政霖认识到，目前国内汽车轮毂制造厂家不乏给国外品牌做代工，也就是OEM贴牌生产。消费者只能看到贴牌信息，对于真正的生产厂家无从得知。想被广大消费者认可进而产生品牌价值，迫切需要自主创新品牌。

品牌取名，至关重要。李政霖白天干工作，晚上反复琢磨，他联想到汽车车轮就像人穿的鞋子一样，以前很多人家庭条件不好，几乎都是穿一双布鞋，行走各地；现在生活水平提高了，有运动鞋、皮鞋，女士还有高跟鞋等各种鞋子。对汽车而言，车轮就像是人们穿的鞋子一样，所以他给品牌取名为“鞋子车轮”，其愿望就是让大众都能用得起高品质的好车轮！

鞋子车轮SHOES WHEELS，以英文单词Shoes Wheels首字母“S”为基本元素，结合车轮行业属性，汲取轮胎的印痕，参考国际流行设计手法，用极简约的线条勾勒图形，简单大气、美观大方，彰显独特个性和国际范儿；轮廓像蜿蜒的道路，与公司倡导的感恩文化相吻合，象征不忘来时走过的路，感恩客户、感恩员工、感恩社会、利他而为、不断超越；图形外观像燃烧的火焰，寓意鞋子车轮人激情澎湃、活力四射、朝气蓬勃；标志以绿色作为标准色，体现了企业的环保理念和社会责任感，同时象征青春、生机、成长，代表着品牌永远以年轻的心态奋斗创新，展现出无限的生命力和美好的未来……

谈起“鞋子车轮SHOES WHEELS”的寓意，李政霖深以为傲。他介绍道，“鞋子车轮”这个名字非常容易记忆和传播，符合现在流行的网络词汇风格，2019年3月一经亮相，就吸引了众多粉丝。当年10月，鞋子车轮成为中国超级跑车锦标赛（China GT）合作品牌。

目前，公司拥有“鞋子车轮SHOES WHEELS”等注册商标170多件，各类发明专利和实用新型专利60余项、ERP软件著作权3项。知识产权的护城墙愈加坚固。与此同时，“成就客户、成就员工、奋斗创新、厚德感恩”的核心价值观，“以品德定取舍、以能力定岗位、以贡献定薪酬”的用人宗旨等企业文化和规章制度，亦不断健全完善，其品牌价值从内涵到外延，越来越厚重。

/ 人才为本，科技成就品质 /

轮毂行业看起来是传统制造业，实际上不但需要大量的资金投入，更需要很多的专业技术人才。

起初，项目投产后，公司生产出了一批质量合格，但是外观有瑕疵的产品，不符合李政霖对产品质量精益求精的标准。他不愿对产品降低标准，于是将这批产品全部销毁回炉，上演了“海尔张瑞敏铁锤砸冰箱”的一幕。虽有损失，但他态度坚决。

亡羊补牢，为时未晚。为此，李政霖高度重视人才引进和技术创新，不惜花重金从同行业、龙头企业中招引各类“技术大拿”“金牌工匠”，为他们提供优厚的生活待遇，千方百计为他们解决后顾之忧，营造了各类人才竞相迸发的喜人局面。特别是一批80、90后人才，技术功底深厚、思维超前、勇于创新，攻克了一系列行业难题。接受了公司严格管理和培训，目前这些人才已成为公司中流砥柱，成就了鞋子车轮品质和口碑。

实践表明，品质是企业的生命线，人才是企业的命根子。李政霖感悟越深，力度越大。公司先后成立8家省（市）级研发平台，现有研发人员50余人。公司与德国德累斯顿工业大学轻量化研究所、清华大学、哈尔滨工业大学、上海交通大学等建立产学研合作关系，在铝基复合材料、焊接技术、生产工艺技术等方面，对行业“卡脖子”难题进行联合攻关；与国家超级计算天津中心合作，联合开展了轮毂数字设计虚拟实验、轮毂国标试验仿真分析，为产品设计及优化提供理论依据，逐渐形成全链条一体化自主设计、生产能力。

当前，鞋子车轮的产品不但种类齐全、颜色款式众多，而且品质上乘，成为中国高品质车轮引领者，其亮点体现在四个方面：一是一流的工艺。公司集八大轮毂生产工艺于一身，采用国内独家改装轮毂“倾铸+旋压”技术，生产高品质、高性能、高颜值的产品；二是真正的防脱。鞋子车轮轮毂前后轮缘均采用世界先进、独特的锯齿倒钩形式防脱结构设计，真正防止脱胎危险，为客户安全保驾护航；三是轻量化。轮辋采用旋压工艺，使整个轮辋、轮缘的质地更紧密，厚度更薄，重量更轻，远比普通低压铸造轮毂轻15%—20%，性能提高20%以上；四是颜色及规格尺寸齐全。采用涂装工艺，各类规格款式、颜色齐全，有炫黑车面、钛空亮银等数十种，也可根据客户需求，提供专业订制服务。

安全是企业的底线，一失万无。环保是高压线，摸碰必触电。公司严格按照法律法规和政策要求，坚持一岗双责，组织各种形式的培训以及应急演练，将生态环境保护和安全生产落到实处，让消费者放心、踏实。

目前，公司已通过IATF16949质量体系认证、ISO9001质量管理体系认证、ISO14001环境管理体系认证、ISO45001职业健康安全管理体系认证、ISO50001能源管理体系认证，先后荣获“国家高新技术企业”“山东省专精特新中小企业”“山东省制造业单项冠军”“山东省制造业高端品牌培育企业”“山东知名品牌”等荣誉。

2021年9月，游泳奥运冠军钱红、花样游泳世界冠军钟轲、短道速滑世界冠军石竟男等纷纷发来视频祝福，为鞋子车轮点赞：“祝愿SHOES WHEELS鞋子车轮，继续以卓越的品质，树立产品诚信，聚焦全球目光，释放品牌魅力，以创新引领市场，以诚信立足世界……做中国最好的车轮。”

未来已来，时不我待。虽然年轻，李政霖却依然感觉时间“不够用”，他决心围绕“推动高质量发展”，以政府为依托，以资本、技术和市场为先导，加快践行4个“1”发展战略，即“高端装备产业集群”这“1”个目标，夯实“铝合金、铝镁合金原材料生产基地”这“1”个基础，拓展“轻合金汽车零部件智能制造基地”这“1”个领域，实现建设成为“苏鲁豫皖最优装备生产基地”这“1”个愿景，打造过百亿级的高端装备产业集群。

越努力、越幸运。李政霖的追求和探索、务实和创新，为85后青年树立了榜样。“国家因为有你而强大，社会因为有你而进步，职工因为有你而富足。”这是他认为成功的标志，也是他孜孜以求的奋斗目标。

（文中图片等资料由主人公提供）

京仁博爱：
为牙齿站岗、为微笑护航的“美学天使”

刘婧

“京仁博爱”商标品牌创始人
北京京仁博爱口腔医院院长、北京京仁博爱口腔医院管理有限公司董事长

微笑的样子，最美丽。

微笑的力量，最强大。

微露八颗牙齿的微笑，是最真诚的微笑。

一位“爱美姑娘”矢志为牙齿站岗，为微笑护航。10年时间，她带领团队打造了四家自营专业连锁口腔医院，分别是京仁博爱口腔林肯分院、卢沟桥分院、荣京道（儿童口腔）分院、六里桥分院，就诊面积2000多平方米。

医院坚持打造“以人为本”的管理理念、“岂止于美·专注美学，为自信笑容筑基”的品牌理念和以口腔美学为主题的“行业微笑中心”的发展理念，思路清晰而高明，技术安全而高超，服务优质而高效，患者口中“美学天使”的赞誉由此而来。

这位“爱美姑娘”，就是“京仁博爱”商标品牌创始人、北京京仁博爱口腔医院院长、北京京仁博爱口腔医院管理有限公司董事长刘婧。

/"爱美姑娘"立志"口腔无忧"/

"牙疼不是病，疼起来要人命。"

一句人人皆知的俗语，既表达了牙疼的痛苦，也道出一个潜意识的误区，认为牙疼不是病。

殊不知，由牙齿问题引发的口腔病症就是一种疾病。据调查，约90%的人存在口腔问题。

太行山之西的"三晋大地"，一位叫刘婧的姑娘从小爱美爱漂亮，因为经历过牙疼，那种在熟睡中疼醒的痛苦让她刻骨铭心，使她下定决心做个口腔医生，立志让更多人"口腔无忧"。

功夫不负有心人。经过刻苦学习，刘婧考进河北医大口腔系。"现代口腔医学专业已分化出许多分支学科，包括牙体牙髓学、牙周学、儿童口腔医学、口腔正畸学、预防口腔医学、口腔内科学、口腔外科学等，这些学科承担着口腔疾病的防治和研究工作……"

随着学习的深入，刘婧越来越喜欢这门学科，同时也越来越感觉到学无止境。她深知要获得知识，无外乎两种途径，一是学习，二是实践，二者缺一不可。

实习期间，刘婧来到繁忙的临床一线，一点一滴积累经验。有人问她，当口腔医生累吗？累！每天像陀螺似的转八个小时，忙里忙外，加班加点是再平常不过的事。做口腔医生脏吗？脏！为患者治疗时，经常是口水和血水溅到脸上、身上。

"一次，有位行动不便的老年患者，治疗时忍不住吐水时一口血水吐在了我身上，他赶忙道歉，对不起，对不起，为了缓解他的紧张，我仍然保持着微笑，连忙讲没事的，没事的，急忙简单处理一下，继续为他做治疗……"

“尽管医学是一门严谨的科学，但是医生本人对病人的爱心、同情心及理解，有时比外科的手术刀和药物还重要。”希波克拉底誓言，始终萦绕在刘婧耳畔。

从第一次穿上洁白的护士服，站在口腔操作台上，至今已有13个年头。从宣誓成为一名医生那天起，她始终以践行希波克拉底誓言为己任，立志做一名优秀的口腔医生。

/“京仁博爱”塑造“高端品牌”/

2007年10月，拥有一定医疗技能的刘婧来到北京。为实现更大梦想，她开始“北漂”创业生活。

有志者事竟成。2013年，在家人和同事支持下，刘婧在丰台区创办了第一家口腔门诊——北京京仁博爱口腔门诊部，她用优质高效的服务吸引了来自周边及社区的患者前来就诊。

花香蝶自来，梧高凤必至。刘婧的努力，不仅得到了患者认可，也赢得了志同道合者支持。

2015年，刘婧拿出全部积蓄和“嫁妆钱”，与合伙人投资成立北京京仁博爱口腔医院管理有限公司，注册资本500万元。她深知“作为一家口腔医疗服务机构，医疗水平和设施设备是企业生存发展的核心硬件”。

为此，刘婧坚持“两手都要抓、两手都要硬”，通过各种途径聚集了一大批国内高水平专家团队，积极学习当前世界口腔医疗前沿技术，探索实践口腔精准临床治疗新技术。目前，已拥有国际高精尖医疗技术和国内高水平医疗队伍，以及开展隐形矫正、人工种植、三维根管充填、失败根管充填再治疗、牙周治疗、牙齿美容、儿童齿科等多项国际水准的口腔诊疗技术，能够满足不同人群个性化需求。

同时，刘婧投入巨资积极引进先进设备——德国根管显微镜、韩国OSSTEM、瑞士ITI、意大利BB、美国3I等种植系统，德国西诺德全口牙CT机、头颅侧位X光机、进口牙科综合治疗椅、SATELEC光固化灯、法国SleeperOne无痛麻醉系统，意大利口腔专用高温高压消毒设备，使就诊患者一人一机，治疗器械一人一套，杜绝了口腔治疗过程中的交叉感染。

作为一家知识密集型企业，刘婧在知识产权布局上，不仅非常重视，而且“下手”及时。她先后在第44类“医疗诊所服务”等内容注册了“京仁博爱”文字商标，之后又在第10类“牙齿矫正器”等产品上申请注册了图形+JRFD商标，多件有效商标护航品牌稳步发展。

聊起商标品牌，刘婧侃侃而谈：“公司选址在北京，中华民族历史悠久，仁、义、礼、智、信是儒家提倡的做人起码道德准则，故选其仁，代表医者的仁心、仁德、仁义；博大精深，博大胸怀才能成大业，故为博；万物皆有爱，医疗行业更应该践行大爱无疆精神，爱出者爱返……”

“我们的LOGO，是基于视觉领域的品牌升级，标识整体给人的感受是大气、简约、现代气质，象征着在专业和行业中权威可信的形象，诚实做人、踏实做事的精神，以及满怀热情展望未来的姿态。概念上，创意核心是一个牙医正在‘看牙治牙’缩影；构成上，整个图形由品牌名称的首字母J和字母R组成，强化了品牌专属性和定制性，其中字母R好似张开的嘴巴，代表着患者，字母J形似医生正在为患者治疗；形象上，好似一颗牙齿，反映了品牌的行业属性。高雅的蓝色主题，代表着专注专业。文字部分把京仁博爱的首字母‘JRFD’放大，强化了品牌感受力、形象力与实力，使之相互映衬、相得益彰……”刘婧将她的初心和使命，融入品牌文化建设中。

“京仁博爱”在塑造“高端品牌”的道路上，蹄疾步稳。

/“美学天使”守护“口腔健康”/

企业文化和团队精神，是企业生存发展的动力源泉。

多年来，“京仁博爱”口腔医疗机构秉承“一切以患者为核心”的服务宗旨，注重“美学天使”人才培养，用爱心和技术守护“患者微笑”，成为行业翘楚。

管理是一门大学问，而管理四家医院更是费心费神费力。为了医院发展，刘婧每天做着各种计划、组织、指挥、协调和控制等一系列工作，也逐渐摸索出一套行之有效的经验做法。

在流程管理上，刘婧坚持让每一位踏入京仁博爱口腔医院的顾客，从接诊、治疗，直到离开，都能体验到流畅、贴心、人性化的诊疗流程。医生关注的不仅仅是口腔疾病，还有耐心倾听患者诉求，用专业知识和技能给患者提供最适合的诊疗方案。

在服务内容上，她们针对儿童、成人、老年人等不同人群，开展口腔诊疗、儿童齿科、人工种植、牙齿正畸、矫正美容等分类更加细致、更加精准的专业服务，提供与众不同的高品质智能诊疗体验。

在普及健康知识上，她们始终致力于口腔健康意识教育和口腔护理习惯的培养，定期在社区、养老院、学校、企业等进行口腔知识的宣教和义诊，为区域口腔健康事业贡献力量，年服务两万余人次，辐射一万多个家庭。

在开展公益活动上，她们先后到景山消防站、六里桥消防队慰问，走进旧宫养老照料中心举办爱牙护牙公益义诊活动，为大家精心准备护牙礼包礼品，为亦庄某基金会免费捐赠价值为150万元的口腔检查及治疗项目。

新冠疫情突发后，刘婧带领团队积极筹措紧缺防疫物资，捐赠给战斗在一线的疫情防控工作者、派出所和居委会人员，无偿赠送给周边居民。

孩子是祖国的未来和希望，口腔健康是孩子健康成长的重要指标。大部分孩子听到看牙就会变得恐惧，不肯配合。身为家长的刘婧，对此感同身受，她想方设法为儿童健康“保驾护航”。

一次，一位六七岁的小男孩，牙龈长脓包比较严重，却因害怕疼痛，“折腾”了半个小时无法治疗。了解情况后，刘婧微笑着走上前，给孩子讲起了故事，并形象地将手机比喻成淋浴头和挖土机，喷水的三枪喷头形容为冲掉牙齿里面脏东西的“小水枪”，补牙的材料是“奶油白巧克力”……

然而，为了患者的牙齿健康和“美丽笑容”，刘婧常常忽略自己的两个孩子。每逢节假日，是刘婧最忙的时候。她把对孩子和家人深深的歉意，化作专心专注的大爱之情，尽心尽力帮助身边的每位患者。

“帮助患者解决口腔疾患，就是我的快乐；看到患者解除痛苦，露出灿烂笑容，我心里就特别舒畅！”话语间，刘婧露出的笑容，格外美丽。

（文中图片等资料由主人公提供）

秦嶺天下

秦岭天下：
柞水“小木耳”撑起乡村振兴“大产业”

赵少康

“秦岭天下”商标品牌创始人

陕西中博农业科技股份有限公司总经理

岂曰无衣，与子同袍……

一部《大秦赋》，因其历史厚重、气势恢宏，吸引了数以万计的观众；

终南首邑，山水画廊……

一朵“小木耳”，因其味道鲜美、营养丰富，走进了数以万计的家庭；

这朵“小木耳”，就是受到习近平总书记赞誉的柞水木耳。潜心钻研、发展壮大这一产业的，是一位杰出青年。

他，就是“秦岭天下”商标品牌创始人、陕西中博农业科技股份有限公司（以下简称“中博农业”）总经理赵少康。不久前，他刚刚成为柞水县小岭镇金米村荣誉村民，荣膺陕西青年企业家协会“杰出青年企业家”、陕西省扶贫好青年、第十九届“陕西青年五四奖章”称号……，而他所主导创办的中博农业，也是全国“万企帮万村”精准扶贫行动先进民营企业、国家级高新技术企业、市级农业产业化重点龙头企业。

/ 名校归来　乡村蹲苗 /

一座秦岭山，半部中国史。

秦岭，山势雄伟、气势巍峨，和合南北、泽被天下，被尊为华夏文明的龙脉。其南麓的柞水，虽是“九山半水半分田”的土石山区县，却因融“名山名镇名洞”于一体独特天然的环境，素有“天然氧吧、城市之肺”美誉。这里青山连绵，河水清澈，微微山风拂面，不仅带来湿润富氧的新鲜空气，瞬间沁润双肺，而且流淌着厚重的历史文化，犹如现代人向往的桃花源。

1986年，赵少康在这里出生成长。如同一代代先人一样，在秦岭文化的涵养哺育下，他茁壮成长、奋进不辍，“自强不息”的精神贯穿生命的基因之中。少时，他便勤学好问、勤快劳作，从小学到中学到高中，一天天成长为青年才俊，并考入加拿大多伦多一座名校深造。

2013年，赵少康学成归国。此时的他，不仅视野开阔、理想远大，而且具备了一定的专业基础知识、先进的管理理念。

纸上得来终觉浅，绝知此事要躬行。赵少康深知“万丈高楼平地起”的道理，缺乏实际工作经验的他，从一家集团下属的建筑施工、医院管理等工作做起，边了解国情社情民情，边参加中国高级职业经理人论坛、中国企业家协会组织的管理人员培训，一点一滴积累创业经验。

稚嫩的皮肤晒黑了，学习的笔记本记满了……一天天的辛苦，换来了一天天的进步，赵少康的能力和业绩有目共睹。随着财富自由的实现，他越来越多地思考人生更大的价值。

2014年以来，赵少康先后帮助50余名贫困学生完成学业，多次组织“送医送药”“免费义诊”活动。2018年，他向西安困难家庭捐赠“小葵花爱心暖冬包”千余份，同年向西北农林科技大学教育发展基金会捐款200万元。其实，早在2008年，还是学生的他就向汶川地震灾区捐款5万元。

2017年，赵少康在省工商联组织的一次活动中，来到柞水参观考察。当时，两个独特风景给他留下深刻印象，一是瑰丽秀美的山地风光，二是农户房前屋后种植的木耳菌包。由于山地区位因素造成交通闭塞，经济发展滞后。见多识广的他同样引发了“两个如何发展”的思考，一是柞水的产业发展如何摆脱区位劣势？二是柞水的木耳种植如何规模化发展？

裤腿上沾有多少泥土，心中就沉淀有多少真情，创业路上就会有多少办法。带着问题、带着思考、带着责任，赵少康再次来到柞水，在乡村扎实“蹲苗”。他和村民一起劳动、一起聊天、一起遐想……

随着“蹲苗”由浅入深，掌握的实情越来越多，赵少康的思路越来越清晰，不仅对“两个如何发展”的思考有了答案，也对他热衷参与的公益活动、慈善事业有了新的认识——扶贫先扶志，扶志就得依托产业。由此，他更加坚定了进一步研发、种植食用菌，期待星星点点的菌包变成漫山遍野的大产业，助力更大范围的脱贫攻坚和乡村振兴。

/ 匠心独运　秦岭天下 /

明确的目标、清晰的思路、科学的风控……

创业前夕，赵少康日思夜想，不断完善着企业的“四梁八柱”。他的情怀和愿景，既感动了自己，也赢得了团队拥护，得到了柞水当地政府和百姓支持。

2017年10月，柞水木耳工厂化项目正式启动，总投资3亿元。食品企业，安全和质量是命根子。历经商海风吹雨打的赵少康始终牢牢抓住“优秀、优良、优质”6个字不撒手。

一是优秀的技术团队。他们先后与吉林农业大学、西北农林科技大学、黑龙江省食用菌协会专家智库团队、技术骨干等联手，对木耳的菌种选育、营养生理、栽培模式、栽培基质等系统化研究，为菌包生长、培育提供技术支持和品质保证。

二是优良的建设标准。木耳菌包生产线从菌包培养室的建设，培养架摆放，培养发菌的温度控制、湿度控制、空气控制、光照控制到菌包的检查与处置都严格按照相关规定标准建设、生产，按照科学方法谨慎处理好每一个细节。

三是优化的制作流程。在菌包制作过程中，集团不断进行技术、流程优化，形成一套高质高效的完整制作流程：木屑筛选→木屑与辅料混合干拌→湿拌→布料→装袋→高压灭菌→接种→培养，全程无污染。

好的食品，永远受欢迎，公司规模越做越大。2018年3月，柞水建成5个年产2000万袋木耳菌包厂。柞水县政府提出“一主两优”脱贫产业架构，将木耳产业作为当地脱贫攻坚主导产业，通过建立“企业+贫困户+村集体经济”和“借袋还耳”“借棚还耳”利益链机制共同推动木耳产业发展。之后，工厂每年向全县提供菌包7000万袋、就业岗位500余个，带动就业人次4000余人次，当时全县60%以上有发展能力的农户吸附在木耳产业链上，超过三分之一的贫困户通过发展产业实现了脱贫。

随着市场份额不断扩大，品牌升级打造迫在眉睫。为了给柞水木耳取一个好的品牌名称，赵少康也是“拼尽全力”。他从食用菌的历史、家乡的历史、食品驰名品牌的历史等深入学习研究……

柞树是生产食用菌黑木耳、香菇的优等菌材。柞水县因柞树多而得名，柞水黑木耳，侧生于树木上，形似人的耳朵，片大、肉厚、鲜嫩，具有很高药用价值，被公认为保健食品，有山珍之称。据清《陕西通志》记载，明清时期，柞水“万山丛树多，土人伐生木耳。近耳收买成包，水陆运至襄汉，作郧耳出售，价倍川耳”……

秦岭，高大险峻，气象万千。一岭分南北、南北不同天。著名历史地理学家史念海在《河山集》中指出，东汉班固的《两都赋》乃秦岭名称最早出典，其中《东都赋》中记载“秦岭九嵕，泾渭之川”。山河壮丽多豪杰、得关中者得天下。之后，延伸为“秦朝之岭”“秦地之岭”“秦人之岭”……

经过酝酿孕育、集思广益，灵感从中华传统文化中自然迸发——秦岭天下。2019年，赵少康带领团队成立陕西中博垚投资控股有限公司，迅即申请注册“秦岭天下 QINLINGTIANX”商标，国家有关部门核准在第29、第35、第42等众多类别商品和服务项目上注册。之后，他们又拓展申请注册“中博秦岭天下”等商标。其寓意深刻、内涵恢宏，不仅朗朗上口，而且大气磅礴，既彰显了产品和服务的地域属性，又展示了企业胸怀天下的未来蓝图……

品牌作为长期红利，只有持续宣传和积累才能享受时间的复利。“秦岭天下”柞水木耳，坚守“品牌强国”使命感和责任感，在深入推进产品高质量发展，加强创新丰富产品，匠心运营高品质国货，塑造具有更高辨识度民族品牌新起点上，行稳致远。

/ 科技创新　振兴乡村 /

如果说优质的产品品质、品牌是企业腾飞的两只翅膀，那么有效的销售渠道则是企业发展的“牛鼻子”。

2019年，赵少康带领一个年轻团队从事电商新零售。对科技、信息和创新等高度敏感的他，广泛组织人员参加线上线下业务培训，充分利用线上直播、网店、微商等方式销售木耳产品。特别是在疫情期间，电商作为新兴业态，成为战“疫”战“贫”的重要抓手。

乘势而为，乘势而上。经过探索完善，他们独创“地方政府+区域农业+电商平台”合作模式，与淘宝、京东、苏宁、网易、华北农产品大宗物流集散地等一线电商平台建立合作关系，以高效高质对接能力，因地制宜推进木耳保护价收购，按照木耳市场通货价格进行兜底回收，将“小农户”捆绑到“小木耳”的“大产业”上，实现群众发展产业“零成本”“零风险”“高收益”，为农产品产销提供强有力支撑。

除了产业帮扶，秉承推动中国农业现代化、产业化、品牌化宗旨，赵少康加快农产品电子商务营销服务体系建设、农产品电子商务供应链体系建设、农产品质量安全保障体系建设。组建直播团队，全年在淘宝、抖音等主流平台进行产品推介。

2020年，“秦岭天下”柞水木耳入选2020新国货传播计划，荣登北京地铁1号线带货专列；同年获评2020中国农产品标志性品牌百强；2021年，“秦岭天下”荣获商洛市直播电商“六个一百”工程网红产品称号……

自豪但不自满，昂扬但不张扬。面对来之不易的成绩，赵少康念念不忘参与公益慈善事业。2019年，公司向柞水县委县政府捐款100万元，同年向西安市乡村发展公益慈善基金会捐款200万元。2020年新冠疫情防控关键时刻，他多方协调联系医疗物资生产厂家，连夜从外省运送数吨抗疫物资，捐赠柞水当地政府，并向柞水县红十字会捐款30万元，用于购买负压救护车……

脱贫摘帽不是终点，而是新生活、新奋斗的起点。赵少康带领团队将工作重心由脱贫攻坚向乡村振兴转移，将产业载体调整为“以企带村，振兴乡村”，加快食用菌精深加工重点项目推进，以市场需求为导向，推进产业链条向精细加工包装环节延伸，着力在加快组建企业集团、引进生产技术、统一包装标识等关键环节上下功夫，推进木耳产品向多样高端转变，形成标准化、规模化生产，不断提高产品附加值，力争将“柞水木耳”打造成为名牌产品，让“小木耳”撑起乡村振兴“大产业”。

一名优秀的共产党员就是一面旗帜，一位有责任的企业家就是一个标杆。2020年4月20日，习近平总书记来到柞水县金米村，走进该公司直播间，并与赵少康交谈，习近平总书记详细了解了直播销售和带动扶贫情况后，非常欣慰地说：“电商作为新兴业态，既可以推销农副产品、帮助群众脱贫致富，又可以推动乡村振兴，是非常重要的，是大有可为的。”习近平总书记的话语激励着他和团队，继续深耕柞水“小木耳”产业，勇于探索、勇于创新，争做助力乡村振兴的“排头兵”，为早日实现共同富裕添砖加瓦。

“吃柞水木耳，赏秦岭风光。”“秦岭天下”柞水木耳的品牌和口碑效应，必将如同柞水美丽的山水一样，成为一张独特亮丽的名片。

（文中图片等资料由主人公提供）

茶活力：健康美味可信赖的国饮新“标配”

陈武

“茶活力”商标品牌创始人

茶活力文化发展有限公司董事长、退役军人

炎炎夏日，骄阳似火。

何处寻清凉，如何缓疲惫？

常饮茶活力，东方精气神。

诞生在疫情之年的“茶活力”，更懂得人们对健康的渴望，对责任的担当。为此，它从传承千年的植物本草中，发掘瑰宝级本草原材，采用植物本草传统配方组合，运用“药食同源”理念，通过现代工艺与中医养生文化融合，对片仔癀进行创新性加工生产，打造成新一代草本饮料。

经过两年多发展运营，“茶活力”已经拥有自主研发、生产设计、物流销售等完整产业链，形成全国销售网，“以健康精益求精、以活力不断创新”的品牌理念，愈益深入人心。

/ 历史深处缓缓走来茶活力 /

回顾人类历史发展，饮料的发展变迁，同样可圈可点。

从20世纪初到现在，世界饮料工业已达到相当大生产规模。20世纪60年代后，饮料工业开始高速发展。矿泉水、碳酸饮料、果汁、蔬菜汁、啤酒等都已形成自动化生产体系。

茶作为一种家庭饮料，其产销和饮茶之风在唐代已盛行。茶道，至今流传不息。茶类饮料包含各种绿茶、红茶、花茶、乌龙茶、麦茶、凉茶以及冰茶等饮品。

2020年1月，经过深入考察，退役军人陈武感慨道，中医药博大精深，每一种草都是“茶”，是中国几千年文化瑰宝。我国作为全球最大软饮料市场之一，近年来随着去糖化和健康化成为饮品消费主流趋势，各大传统饮料企业和新晋品牌，纷纷推出众多饮品系列产品。

北有同仁堂，南有片仔癀。基于快消品庞大市场受众，他认为，应该发挥传统保健精品“片仔癀”价值作用，探索创新性发展，创造性转化，培育一款有草本清新口感的新饮品。

选准赛道是前提，新品研发是关键。他与中华老字号——福建片仔癀保健食品有限公司联手，围绕以质取胜，集中精兵强将，投入资金开展配方、流程、外观设计等研发，经过多次试验和调整，新品以“三叶一草一果一根茎”为主要原料，即淡竹叶、桑叶、枇杷叶、仙草、黄精、佛手等清凉解渴的草本植物，以植物、草本的原汁原味和精心研究的配方比例，搭配当下最热的“0糖0脂0卡”配方，坚持“选材精良、匠心精制、服务精诚、精益求精”方针，为国人打造出属于自己的第一款功能草本饮料，不仅味道清新醇香、清爽解腻，而且可冰冻、可加热，方便好喝更健康，适合自饮、聚餐、火锅、烧烤等多种场景，打破了消费者对现代饮品认知，呈现了一款经典而流行的健康草本功能饮料，有效弥补了市场空白。

好马配好鞍，好品配好名。选用“茶活力”这一商标品牌，其寓意源自茶叶是一种纯天然的保健饮品，起源于我国，盛行于世界。“神农尝百草，日遇七十二毒，得茶而解之。”可见茶和药的历史同样渊源，具有强大生命力。活力，则象征旺盛的生命力，充满着青春的活力，使人朝气蓬勃、刚劲有力，指向明确、通俗易懂。

“茶活力”饮品，取自植物，还原本味，接近自然需求，让健康看得见、能感知，不仅传递健康生活理念，而且增添生命活力，为消费者提供回归本味的健康与充沛的新鲜活力，使注重健康与感官体验成为现实。

一个物质和精神意象归纳的神来之笔，由此横空出世。

/ 整体系统科学传播铸品牌 /

商品，不仅仅是商品，还是情感定位和自我人格投射的定位。特别是当今时代，传播虽然越来越碎片化，品牌打造却不能碎片化。“茶活力”在品牌布局上，更加注重整体化、系统化。

在品牌理念上，“茶活力”以振兴中华中医药产业、引领世界草本饮料行业发展、推进人类健康事业为己任，以传承中华中医药文化为使命，以产业化建设为支撑，以人才建设为引领，以科技创新为驱动，以国际化的视野、创新性的思维，践行健康化、品质化、创新化的主基调，聚力发挥品牌优势，不断满足人们对健康生活的需求。

在包装设计上，“茶活力”结合传统国潮风韵，突出天然、营养、绿色、健康的特点，采用四个心理学基色之一的黄色，给人愉快，充满希望和活力的感觉扑面而来，更显清新活力。从原料到外观，让消费者眼前一亮，并快速形成鲜明记忆，抢占心智，利于讲述健康、活力的来源与深意。

创新创意，彰显智慧。“茶活力”一经问世，即表现出独具匠心、不同凡响。保护知识产权就是保护创新，事后维权不如事前预防，他们将原创独创的专利、商标、版权和外观设计等知识产权，分别进行申请注册和登记，不断筑牢知识产权“护城河”。

悠悠华夏，千年浩荡。从历史深处缓缓走来的“茶活力”，不仅在路上，更在创业者心上。公司上下勠力同心，用情用力，专心专注专业做好“茶活力”。2021年5月，北京茶活力文化发展有限公司成立；2021年8月，上海茶活力文化发展有限公司成立；2022年6月，《茶活力文化有限公司文化手册》颁发……

“茶活力”集聚发力、破圈突围，提出锤炼“一比质量，二比价格，三比信誉，四比速度”的“四比”核心能力。相同的是企业家的机敏，不同的是退役军人的果敢，“茶活力”迈上发展快车道。

随着消费转型升级，年轻化、流量化成为品牌营销趋势。为了高密度覆盖并触达消费者，“茶活力”打出营销组合拳。线上以社交媒体，多种形式多种途径高频传播；线下投放外滩广告，引进实体商超和药店；赞助中超联赛，玩转跨界营销……

“品味东方味道，开启活力征程”。2022年3月5日，茶活力草本饮料高铁冠名列车从上海虹桥始发，以“中国速度”走上广大消费者餐桌，以“国家高度”赋能品牌价值提升。公司党委书记许金桥介绍，“茶活力”深耕产品品质的同时，大力发展区域经销商体系，全面实施品牌化战略布局。“茶活力”与中国高铁的联合，正是基于高铁广泛且精准的区域覆盖优势，高铁运营里程超4万千米，串联一线到六线城市县域，能够有效助力茶活力释放强劲品牌势能，将“健康、活力”的品牌寓意传递给每一位乘客。

2022年6月16日，“茶活力”品牌LED广告正式亮相上海人民广场地铁站巨幕，为在上海“大交通”渠道传播提供助力。

“健康有活力，就选茶活力。”上市不久，“茶活力”不仅俘获了年轻群体，也引起中老年群体共鸣，成为国饮新“标配”。前进路上，“茶活力”快马加鞭、行稳致远。

/ 赤诚之心坚守公益增信赖 /

品牌，是商业世界里最大的马太效应之一。

纵观商海沉浮，品牌的炼成是一个漫长而复杂过程。从认识到认知，从认同到认可，直至认购；从满意到喜欢，从信赖到忠诚，直至信仰。唯有心智的驱动，方可使消费者与品牌相随相伴，不离不弃，打通品牌全路径。

作为健康饮品领域的新锐品牌，茶活力除了慧心独运的“匠心精神”，更有有容乃大的“大爱情怀”，他们以实际行动彰显责任担当，致力于保持公益本质，实现品牌价值，赢得消费者信任和信赖。

教育是国之根本，孩子是民族希望。目前公司已资助600多个孩子，分布在全国40多个地方……公司团队100余人，5人专职公益事务。现在，员工都乐意做志愿者，参与公益活动，成为一道独特的亮丽风景线。

“让军人受到尊崇”是国家的号召，也是全社会责任。2021年7月，公司向某指挥学院和某部队，捐赠茶活力健康饮料2000箱，并先后到江西赣州、湖北红安、浙江金华等地，慰问荣立二等功和家庭困难的退役军人50多人……

疫情无情，人间有爱。新冠疫情突如其来，公司紧急采购数十万只口罩和一大批防疫物资，捐赠抗疫前线。截至目前，公司携手水象公益向福建、上海、深圳、湖北、河南等捐赠“茶活力”，累计60多批次500多万瓶，价值4000多万元。

“爱心义举”背后，不仅让消费者看到了企业强烈的责任担当，强大的生产、物流等实力，更塑造了良好品牌形象，赢得了消费者点赞，使一款原本名不见经传的新饮品，如点点萤火，成燎原之势。

冀以微尘益山海，甘将热血沃中华。“未来，我们将品牌文化与公益基因共同植入公益体系中，通过多种方式向公众传递健康、活力品牌理念，让公益更有意义，让品牌更有价值，实现双赢和可持续……”公司党委书记许金桥信心满满。

信任珍贵，信赖无价。商场战场，波诡云谲，无数品牌消失，无数品牌又从激烈的竞争中脱颖而出，成为这个时代的强者，成为代表国家形象的名片，它们推动着中国经济的发展，影响着平常百姓的生活。

潮平两岸阔，风正一帆悬。祝福以“传承中华中医药文化，为健康中国贡献力量”为初心使命的“茶活力”，在打造中国驰名饮料品牌、引领世界草本饮料市场的征程上，跨越万水千山，走向星辰大海。

（文中图片等资料由主人公提供）

倩美：小小塑身衣点燃自信美丽“大梦想”

符永清、李梨华

“倩美”商标品牌创始人

北京美熙汇商贸有限公司和北京倩美科技集团有限公司董事长、总经理

她，三个孩子的妈妈，依旧身材娇美、亭亭玉立；

他，国企骨干毅然辞职，乐于妇唱夫随、甘居幕后；

它，舒适、合体、塑形，助人彰显自信，愈发美丽；

潜心十多年，致力于打造适合中国女性的塑身衣，提出通过“穿戴养护好身体”的新理念，让中国女性穿上国潮品牌，从身体到灵魂都充满自信，落落大方，目标直指中国塑身衣行业新标杆。

她们，就是“倩美”商标品牌创始人，北京美熙汇商贸有限公司和北京倩美科技集团有限公司董事长符永清、总经理李梨华。

/ 为了人生梦想，一次次含泪打破“平衡” /

汉寿，取自“汉朝江山、万寿无疆”，是荆楚文化发源地之一。口耳相传的民间故事，传承着忠诚爱国、求索创新、坚忍不拔、敢于担当的屈楚精神，以及霸得蛮、耐得烦、吃得苦等湘江文化，影响了一代又一代汉寿儿女。出生在这里的符永清、李犁华，便继承了家乡人文情怀的优秀品质。

因为家庭贫苦，为了早日参加工作，分担家庭责任，符永清报考了家乡财经学校。中专毕业后，家人为她介绍了一位局长的儿子做男朋友，并承诺只要答应结婚就给她安排最好的工作。

“世界那么大，我想去看看”，这位湘妹子心中深藏的梦想没有人知晓，她更不想人生就此被人“绑架”。如同壮士一去兮不复还，她说走就走，毅然决然，含泪告别父母，果断南下广东打工。

在公司，每次下班，符永清都关好电源，关闭楼道灯光，虽然老板不会多给她一分钱，也没有人看到，但她却一直坚持。周末的办公室没有空调，极度憋闷的空气，阻挡不了她渴望干出一番成就的拼劲，就这样，她一步步走上品牌经理的岗位。

李梨华，天生聪慧，不善言语，大学毕业后进入一家银行工作。偶然的机会，他和符永清相识，一见如故、十分投缘。恋爱一年后，符永清告别熟悉的“打工”生活，回到家乡和李梨华举行了婚礼。

人生没有预演，生活总在不经意间上演你意想不到的剧情。婚后不久，李梨华被调到北京某证券公司工作，又被安排到深圳负责开拓业务。符永清追着丈夫来到深圳，在华侨城富人区的那段生活，尽管有很大的自卑，但她直言开阔了眼界：“路上的行人，几乎都是边走路边吃东西，有的甚至是一路小跑，大家的时间观念、干劲闯劲，至今激励着我。”

2009年，李梨华再次被调回北京工作时，已经怀孕的符永清因为要建生育档案，一个人挺着大肚子回到了长沙。

2010年10月6日，符永清对这几个数字，记忆格外深刻。她第一次来到北京，圆了一定要去大城市的梦想。然而，当她走进一室一厅简陋的出租房时，想想长沙140多平方米的住房，心里凉凉的。

“其实，之前的生活都相对稳定了，但为了梦想，只有打破已有的舒适和平衡，虽然哭过，但我还是对未来充满了憧憬……”“打破”这个词，符永清多次提及，李梨华对妻子的这股蛮劲亦充满敬意。

/ 为了孕后瘦身，一股脑闯入塑身衣赛道 /

生完孩子后，看到自己“富态”的身材，这位从小天生丽质的湘妹子陷入了痛苦的深渊。

“那段时间，我查了不少资料，试了不少减肥产品和塑身衣服，效果都不够理想，特别是塑身衣，勒得腰上留下深深的印痕，影响健康，心情也很糟糕……”

谈及创业缘由，符永清深有感触：“一位广东的朋友得知我的情况后，给我介绍了他们做的塑身衣。体验后，感觉效果不错。经过一段时间深入了解，我决定代理他们的产品，也向更多的姐妹们分享。”

2011年春节，北京牛街，烟花飞舞、爆竹声声。在李梨华的支持下，符永清第一次做电商，挣到了五元钱。之后，她刻苦恶补孕后女性身体恢复和护理知识，学习塑身衣穿戴技巧，很多时候都是自己先体验，再分享。时间是最好的老师，她一天天从外行向内行转变。

符永清不仅好学上进，而且待人热情，她把客人当作亲人，隔着屏幕都能让人感受到她的真诚。时间短、业绩大，很快把代理的品牌做火了，引得众多代理商不理解：“她店铺上架的图片整的像菜市场一样，怎么卖得那么火？”

面对各种赞扬、猜疑和非议，符永清的回答是“运气，其实就是机会正好碰上你的努力！”

殊不知，善良有时总被无情伤。授权公司看到了符永清的能力，很快收回了第一个品牌的代理授权，为其提供了另一个新品牌的代理，期待她同样“卖火”，而代理费却没有减少一分钱，更无“多劳多得”奖励之说。

对此，初入塑身衣赛道的符永清，蒙在鼓里，一门心思放在了提升业绩上。

/ 为了又倩又美，一辈子做好国潮品牌一件事 /

实践出真知，实干长本事。

时间到了2015年，第二次怀孕的符永清依然像过去一样，一个人干八个人的活，终于被累垮了，躺在病床上的她进行了“复盘”，面对微薄的利润，这样下去不是个办法。

孩子要自己生，品牌也要自己打造。经过一番深思熟虑，她们告别代理，成立了自己的公司，开办了自己的工厂，选择了“倩美”商标，被核准指定使用在第25类服装等商品上，之后又陆续在第10类、第41类等申请注册了“倩美芯”“倩美至尊”等商标，把知识产权的堤坝提前筑牢了，防范再次受制于人。

谈起“倩美”两个字，符永清夫妻俩直言就是她们的孩子。

“倩，由人和青构成。人，示之容貌，青，示之青春；美，示之美好和美丽，亦形容一个人品德高尚，以及给人愉快的感觉。两字组合，节奏独特、以声诱人，让人又倩又美、浮想联翩，寓意我们的产品能够助力消费者青春美好、漂亮好看、美轮美奂、美德流传，真正能够成人之美……”

“巧笑倩兮，美目盼兮。”“芙蓉不及美人妆，水殿风来珠翠香。”看到倩或美，不由自主就联想到了美好愉悦，还充满了诗情画意，可谓过目不忘、久久回响。

从代理他人产品到自主创新品牌，符永清走了四年弯路，付出了不小的代价。为此，她们发挥自身优势，打出“四套组合拳”，实现了弯道超车。

第一套“组合拳”，坚定产品思维，而不是销售思维。着眼解决消费者的痛点难点焦点，不断研发新产品，解决塑身衣不勒皮肤等问题，进一步增强塑身衣的舒适度、合体率、版型性和体验感，确保从原料、设计、加工、制作等全流程高品质。

第二套“组合拳”，坚定品牌自信，推崇国潮品牌。坚决摒弃原来做代理时用他人品牌、用外国品牌、用外国人和明星做模特的做法，选择自己和客户当模特，因为只有体验过的人才有话语权，推广起来才能增强产品说服力、亲和力和信誉度、美誉度。

第三套“组合拳”，坚定抱团取暖，不搞个人主义。一人强不是强，团队强才是真正强。符永清报了管理咨询等多个多维度的提升班，下功夫加强团队建设，善于做好一人一事思想工作，营造专心专注专业的企业文化，增强员工归属感、价值感、荣誉感。

第四套“组合拳”，坚定提升资质，注重迭代升级。疫情期间，为了解决有钱“买不到”口罩和防护服问题，符永清全力以赴自己动手造。她们在最短时间内，取得了二类医疗生产资质，三年生产口罩、防护服上千万件，一半销售一半捐赠，赢得了赞誉，获得政府补贴160万元。同时，为未来拓展医疗产品生产，奠定了合规基础。

不懂就学，不会就问，不等不靠，苦干实干。10多年创业经历，符永清一直在打破平衡，其实就是一直在突破自己。为了支持妻子，李梨华放弃国企优越待遇，裸辞后，全身心和妻子一起，趁年轻齐心协力做一件对国家有意义的事情。

目前，“倩美”塑身衣位列天猫和京东平台同类竞品前茅，招商加盟工作不断“开疆拓土”；新研发的倩美芯能量裤，新产品“俏魔力”即将上市；实体体验店，正在规划布局中……

然而，事业发展的道路上，让符永清夫妇较为苦恼的是，少数地方营商环境还有待改善，公司选址施工已经投入1000多万元，租用的2000多平方米的厂房已不适应业务发展需求；市场上仿用冒用盗用“倩美”相关商标品牌的现象越来越多，亟须加强知识产权保护力度……还有不少“雪山草地”要过，不少“娄山关”“腊子口”要突破。

前进的路上，注定布满荆棘，但她们已经在路上，亦注定风雨无阻、披荆斩棘。

“心中若有桃花源，人生处处水云间。”

这是符永清和李梨华夫妇十分喜欢的一句话，既饱含对家乡的眷恋，更有对心中有美好愿望的期盼。

（文中图片等资料由主人公提供）

一个“新”字赢得粉丝

新

自嗨锅：
从夫妻店走来的国货新品牌越来越嗨走向世界

蔡红亮和李世玲

“自嗨锅”商标品牌创始人

自嗨锅集团联合创始人

“有的人见千回都不厌旧，有的故事听千遍都不厌倦，有的美食吃千次都不厌弃……”

2003年，创建休闲食品品牌百草味。2016年，百草味并购上市；

2017年，创建自热食品品牌自嗨锅。2021年，自嗨锅价值百亿；

从百草味到自嗨锅，从默默无闻到家喻户晓，从一家夫妻店到百余家经销商，从安排就业千余人到扶贫助困千万余元……

两位平凡的男女、一对普通的夫妻，白手起家、艰苦创业，用心血和智慧创建的两个国货新品牌，展现了民族品牌新风采，书写了全球商界新传奇。

如今，在食品界的江湖上，无论他们在与不在，江湖永远都有他们的传说。

他们，就是“自嗨锅”商标品牌创始人、自嗨锅集团联合创始人蔡红亮和李世玲。

/“理工男”邂逅“山城妹”，爱情成就“百草味”/

“地处金星与婺女两星争华之处”而成名的浙江省金华市，具有2200多年的历史，让人充满了向往。

1978年，蔡红亮出生在金华市磐安县双溪乡梓誉村。这里的人自古勤劳上进、文雅自信、敢为人先，对商机有独特的敏感性和捕捉力，能静下心来从小本生意做起，具有浙商的显著基因。

蔡红亮不仅具有大多数金华人的优点，而且善解人意、自由随性、爱好厨艺，性格偏内向的他特别喜欢钻研感兴趣的事情，颇有“理工男”气质。

1997年，职业高中毕业后，蔡红亮没有“按部就班”参加工作，而是到横店一家电器维修厂当学徒。4个月后，怀揣老板梦想的他借来6000元开了一家电器维修店。一段时间后，由于挣不到钱，只得关门歇业。他转身去了杭州，来到工厂当起了技术工人。商场“失意”的他却情场“得意”，意外遇到了人生的“另一半”——李世玲。

李世玲出生在重庆市永川区，因“城区三河汇碧、形如篆文‘永’字”，故取名永川。自古以来，这里是渝西地区和川东南重要的交通、通信枢纽和人流、物流、信息集散中心。特殊的自然和人文环境，孕育了独特的乡贤文化，滋养着这里的男男女女。

“坚强、能干、思想独立，豪爽、大气、极重义气……”重庆女子有外出闯荡的传统，少有“男尊女卑”思想，她们看重自己的外貌，更喜欢别人对自己能力的认可。你夸她漂亮，她会很开心；但生意能做成，那才是令她更高兴的事情。

李世玲在这里土生土长，是典型的山城女娃，不仅干活勤快、生活勤俭，而且学习勤奋。在原永八中读初中时，她常自带咸菜下饭，以节约菜钱，节省时间用来学习。1995年，她考进警校。每天摸爬滚打、一身汗水，把她折腾得更加“个性化”。这段独特的经历，锻炼了她最大的三个品质——朴实厚道、吃苦耐劳、勇于拼搏。

春暖花开，苦尽甘来。警校毕业后，李世玲和蔡红亮的选择不谋而合——“世界那么大，我想去看看”。她执意放弃去派出所工作的机会，到杭州西湖寻找“诗和远方”。

在打工路上相遇的蔡红亮和李世玲，都经历了跌跌撞撞，他们既心心相印，又惺惺相惜，很快成了好朋友。“起初，他看上去有点孤傲，沉默寡言，不怎么跟人交流，但是经常找我聊天。接触几个月，发现他其实很善良，很细心，有孝心，有责任感，我们渐渐走到了一起。”谈起当时的情景，李世玲记忆犹新。

开店创业，是蔡红亮和李世玲共同的决定。当时，他们打工的康师傅工厂福利社有一个公开招标机会，一个月4000多元租金。两人分析认为，工厂宿舍有两三千人，市场规模不小。然而，他们的工资加起来还不到2000元，顶着巨大财务压力，东拼西凑借了20多个人的钱，顺利投标，第一家“夫妻店”开张营业。

之后，他们每天观察厂里的人需要什么，就进什么货；和顾客像朋友一样相处，下班就招呼他们，久而久之形成了感情纽带。“一个是看需求，另一个是重服务”，李世玲总结道，抓住这两点，小店生意越来越好。

“勇于承担风险、洞察顾客需求、将服务做到极致。”初涉商海，夫妻俩用“三招”赚到了人生第一桶金。一年下来，不仅还清了欠下的债，而且还有不少结余。

乘胜追击、开疆拓土。“夫妻店”陆续入驻九阳小家电、富士康、顶园食品工厂等有固定消费群体的地方，生意初具规模。

2003年，杭州下沙区建立大学城。蔡红亮和李世玲敏锐地发现相似的商机。但这次人群规模更大，更年轻，购买力更旺盛。他们果断决定切换赛道，开始做零食，并成立杭州郝姆斯食品有限公司。当时，他们刚刚结婚不久，但创业的激情“汹涌澎湃”，让他们忘记了度“蜜月”，一门心思放在了生意上。在杭州师范大学一间54平方米的小店里，第一家百草味诞生了。

“之所以叫这个名字，一是取自神农尝百草的故事，不怕失败，多做尝试；二是学生时代，鲁迅先生的《从百草园到三味书屋》给我留下了难忘的印象。我们确立了‘做平民化的美食’的定位，提出了‘世界任你品尝’的品牌口号……”聊起百草味，蔡红亮引以为豪，看成自己的“孩子”。

之后，他们申请注册了商标，设计了同样寓意丰富的LOGO，印到了包装袋和小票上。由于价格便宜，品种丰富，且不停推出活动，吸引了众多爱尝鲜的高校学子。两个月下来，营业额近30万元。

开局顺利的背后，是辛苦的付出。“那会儿，大肚子都抵到方向盘了，还在仓库指挥到凌晨一两点。半夜三更了，自己开车回家。”李世玲怀孕时还在坚持工作，蔡红亮劝她休息。但她说，生意刚起步，必须到一线亲力亲为，经历过才会明白。

付出总有回报。两三年时间，百草味店铺在下沙大学校区遍地开花，此后扩张到其他省份大学城。2006年，百草味门店140多家，年销售额1.5亿元。

杭州，电商之都。百草味的触角很快延伸至线上。2010年，他们成立的杭州百草味企业管理咨询有限公司，正式获商务部批准为特许经营企业。百草味开始入驻天猫，蔡红亮硬着头皮打广告，一天聚划算差不多投了20万元。结果出乎所有人意料，线上店铺4个月就做到当时食品类目第一。

然而，传统企业转型电商必然经历阵痛，百草味也一样。“从线下转移到线上，百草味必须要从一个渠道零售商，变成一个自己能够生产产品的品牌商。”这是一个大挑战，夫妻俩没有一点迟疑，开始带领团队满世界寻找原料供应商。不仅是原料生产，产品的包装、物流和销售，每个环节线上和线下都是截然不同的概念。第一次参加聚划算，他拿出三款单品做爆款，结果一天下来，所有的货全都卖光。没想到生产跟不上，供应链断了。

“从提货到发货，他每次都在现场。一天晚上，老蔡跟车从临安赶往杭州发货，凌晨四点天还没亮，他在面包车里眯了一会，醒来时吓得半死，司机打瞌睡了，车已经开到隔离带上，下面就是京杭大运河……”李世玲对丈夫的拼命精神，既感动，又心疼。

苦心人天不负，有志者事竟成。通过一年学习和摸索，蔡红亮将电商的里里外外都学了个透，并用两年时间改善供应链、物流体系和用户体验。三年后，百草味的电商转型成功。2014年，百草味电商销售额超过10亿元。

“谁能更好地取悦年轻人，谁就能更好地赢得市场。”蔡红亮对商业逻辑的精准把握，使百草味的“蛋糕”越做越大。2016年，百草味年销量28亿元。

然而此时，蔡红亮和李世玲一家9口还挤在一个小房子里。4个老人，3个孩子，全家吃饭用一张大圆桌。为了改善生活品质，为了弥补对家人的愧疚，也为了更长远的发展。经过商议，他们把百草味以9.6亿元出售给了好想你枣业，被称为当年“中国零食电商并购第一案”。4年后，百草味被百事可乐收购，好想你“倒手”赚了一大笔。

/ 创业的人闲不住，横空出世“自嗨锅” /

回望历史长河，14年如弹指一挥间。然而，对于一对夫妻而言，却弥足珍贵，换了人间；对于一个优秀品牌而言，却让人情不自禁、爱不释手，至今仍常有人告诉蔡红亮和李世玲，百草味是他们大学时代的味道。

历经商海沉浮，在陌生的城市白手起家，靠吃苦耐劳完成资金积累，已经财务自由的蔡红亮和李世玲决定“闭关沉浸”。

然而，创过业的人终究是闲不下来，尤其是身上流淌着创业热情的蔡红亮和李世玲。他们在复盘过往的同时，一直在研究大消费领域的新机会。他们觉得，本质上过去的零食市场还是不够大，消费者可吃可不吃，或者偶尔吃，而餐饮一定是个更大的赛道，尤其是速食领域，易标准化，可复制，想象空间比原来大很多。

随着时代的发展、人群的变化，出现了很多新的情形，现在单身、独居、宅、户外等场景增加，使得自热食品的一人食场景——夜宵、加班、旅游、追剧等更深入人心，“一人经济”的爆发战即将打响。

“市场够大，年轻人够挑剔”，成为他们看好这一领域的重要原因；“要好吃，还要吃好，更要方便”，成为他们做好自热食品的主要目标。

“第二次创业，必须选择一个更大的赛道，提升更高的站位、实现更大的目标、成就更大的梦想……让创业更有意义！”此刻，已经见过世面的蔡红亮和李世玲正不知不觉从优秀的生意人，向优秀的企业家转变。

“扎根速食领域，做餐饮快消化的开创者，为Z世代人群提供‘全场景餐食’，以食品富民、用实业报国……”蔡红亮看准的事情，李世玲就全力支持，她说“我相信他的判断力，只要认定了，就可以不顾一切，站在他的角度去配合他、支持他”。

得女性者得天下。商场上不乏优秀的女性人物，特别是年轻女性最懂消费与传播。李世玲提议新产品要不同于街头的“快餐式”自热食品，要走网红品牌路线……

夫妻齐心，其利断金。“夫妻+搭档”的磨合，使蔡红亮和李世玲越来越默契。蔡红亮认真较真、条理清晰，主内，负责整体战略、人员管理、产品研发、品牌运营和市场推广等；李世玲热情开朗、心思细腻，主外，负责政府事务、对外联系等，两人同心协力、优势互补、相得益彰，彼此独立又互为铠甲，创业路上携手披荆斩棘，共同开拓出新的“夫妻店”。

为了深入考察调研，夫妻俩走遍世界各地，尝遍大街小巷的饭店馆子，仅在重庆，他们就买了多种火锅底料，像神农尝百草一样，“直接拿来兑水喝”，蔡红亮尝得舌头都麻了，辣得满头大汗，却连声说好，让他坚定决心搅动中国速食行业“一池春水”。

方向正、情况明，更需要胆识和行动。2017年，蔡红亮和李世玲卖掉别墅，“赌上”全部家产，放手一搏。在团队只有4人的情况下，就成立了重庆金羚羊电子商务有限公司。经过市场调研、商业规划、产品研发和品牌策划，他们挖掘“宅经济”的市场潜力，把速食和火锅结合，推出方便又健康的“自嗨锅”牌自热食品。

2018年1月，“自嗨锅”牌自热食品将自热火锅系列作为第一支品类投入市场，以打破常规，颠覆传统火锅的崭新形象横空出世，让人耳目一新。为特立独行、拒绝恪守常规的互联网网民打造出有颜、有料、有趣、有味的自热锅系列——自热火锅、自热汤锅、自热干锅、自热煮锅等，同时帮助都市年轻人从厨房中解放出来，引领自热锅行业潮流。从此，亿万级的方便速食赛道闯入一匹“黑马”。

“取这个名字，是我们从产品特点出发，契合消费人群和消费场景，让消费者跟它产生较强关联，可瞬间占领消费者心智，是在数十个方案中优中选优定下的。设计上，经过广泛征求意见，以突出黑色粗体，呈现爆炸式形状，增强辨识度。整体感觉新颖独特、朗朗上口，易记易看易传播，似乎自带流量，天生具有‘网红’潜质……在中国文化自信越来越强的新时代，也适合了今天的年轻消费者对国货新品牌的热情和信任，不愁孩子长不大。”对于自嗨锅的出生，夫妻俩同样作为自己的孩子精心“培育”。

“先买票，后上车。”对于知识产权保护，他们既有意识又有举措，不断完善专利和商标注册布局，先后拥有千余件独立自主创新的知识产权，并申请注册了PIC国际专利和马德里国际商标。全方位、立体化的知识产权、国内国际法律确权授权，为企业发展保驾护航打下了坚实基础。

品牌创建后，品牌塑造是关键。他们以“自热火锅界真正的火锅”为核心理念，以“产品力、品牌力、渠道力”为核心竞争力，以“致力于为消费者打造健康放心的自热食品”为目标，以大众喜爱的哈士奇为原型开发多种萌态可掬的卡通IP形象，通过线上线下多渠道布局、多载体广告宣传、多场景营销等，增强品牌辨识度。

高举高打，快速扩张，离不开资金支持。2019年，华映资本独家投资自嗨锅数千万A轮融资，成为其第一个外部机构股东。此后一年多时间，自嗨锅又接连完成多轮融资，公司估值增长超过15倍。2020年10月28日，自嗨锅完成逾5000万美元C轮融资，估值5亿美元。

短短三四年时间，自嗨锅牌自热食品库SKU从2个做到了200多个，一个月还要推出四五款产品。在总部，你可以看到一个琳琅满目的产品长廊，除了大家熟知的自热火锅，还有早餐粥、关东煮、螺蛳粉、牛排、蒸菜、复合调味料、卤味、冲泡饮料……完全覆盖人的一日五餐。

一路狂奔的自嗨锅，在自热食品的激烈赛道里，很快成为绝对的头部，把竞争对手远远甩在身后，成为名副其实的“独角兽”。

/ 爱自己才会有人爱，好食品才会有人吃 /

爱美是人类的共性，爱吃亦是人类的标配。明白“人为己容”道理的蔡红亮和李世玲，深知“爱自己，才会有人爱；好食品，才会有人吃”。

“质量是企业的生命，没有高质量的产品就不会有长盛不衰的品牌，特别是作为严监管的食品领域。”夫妻俩对质量的认识和重视，做得比说得更多更严。

“食品行业水很深，对劣质假货，必须瞪大眼睛。否则，一不小心就掉进坑里了。”多年创业的实践，他们总结出了“质量提升三步法”，一是质量提升要从源头管理开始，二是质量提升要在全面管理中延伸，三是质量提升要在消费者口碑中检验。

在原料上，蔡红亮深入火锅“重镇”重庆、成都等地，一家家地去吃火锅，尝底料包，用自己的嗅觉、味觉和视觉，来判断哪些底料更优质。为了保持味觉纯正，他坚持不抽烟，不喝酒。一年间，竟尝过100多种火锅底料。

在食材上，夫妻俩深入原产区，查资料、察品质、看色泽、问效果，全面了解产地的土壤、水分、气候等自然因素和人文因素，在终端了解最真实、最完整的信息，促进科学判断和决策，确保所有食材不添加任何防腐剂。

在口味上，身为吃货的蔡红亮和李世玲，无论旅游还是出差，从街边小摊，到五星级酒店，总是有意识地品尝不同地区的美食。“东甜西辣，南鲜北咸”，尝试各种美味的过程也是了解和总结不同群体饮食诉求的过程。蔡红亮还将个人化口味进行“数字化”，试着用数字来表达“辣”到底有多辣，“咸”到底有多咸，逐渐和团队达成了一种标准制订上的默契。

在人才上，他们聘请重庆厨王王志忠先生作为首席技术官，全面系统培训自己的主厨团队，人才梯队不断递增。在他俩引领下，大家已经习惯把看到的畅销食品，列成清单，反复研究琢磨消费者喜欢的口味及饮食习惯。

在技术和流程上，他们坚持采购最好的中央厨房设备，严格规范各个流程和标准，每个环节都有人负责、有人监督、有人质检。在冷冻干燥上，他们运用FD宇航冻干技术，俗称低温冻干技术，既保证干燥制品不失原有营养成分，保持物质原有形态，又保证制品复水性极好。

百十次的失败，只为一次成功。为了追求“顶级”，从食材到人才，从手艺到工艺，蔡红亮和李世玲既勇于下“血本”，又有“拼命三郎式”的执着。很多时候，他们都是亲手去学、亲手去做，防止对品质的把控“镜中花”“水中月”。经过持续探索，他们闯出了一条自主研发新路，实现了用品质诠释了高端食品品牌的定义。

“质量提升”为品牌插上腾飞的“翅膀”。有了品质保障，他们通过自主孵化的形式来构建品牌矩阵，围绕“四大场景、一日五餐”即家庭、办公室寝室、街边商圈以及户外野外；早餐、中餐、下午茶、晚餐以及夜宵，提供一站式解决方案。

坚守匠心品质，引领潮流消费。好吃的食品，总有人买单。70后的蔡红亮和李世玲，常年和90后“混”在一起，“撩”起年轻人来，不仅没有违和感，而且感觉自己就是90后。

/ 大白鲨不能停止游泳，品牌创新比生命还重要 /

现代商业社会的特征就是产品日新月异，食品企业间的竞争就是品牌之间的较量。

创新是品牌之魂，如同“大白鲨不能停止游泳，一旦停止便会窒息而死”。蔡红亮深知这一点，他尤其不能忍受一成不变，他说创新比他的生命还重要。因为品牌不仅代表了产品本身，更代表着消费者对于企业的认知，良好的品牌形象对产品销售、客户合作、企业宣传都起着至关重要的作用，决定了企业竞争的起点和高度。

世界上没有永恒的商业，商业更像是科技产品，迭代速度很快。在确保产品力足够好的情况下，必须持续打造品牌知名度。但是品牌知名度并非一成不变，其长远发展要依靠创新。创新是品牌永不枯竭的动力！如果一味守于现状，墨守成规，必然会被市场淘汰。

为了新一轮品牌深耕，蔡红亮带领团队不知道历经了多少个白天黑夜的头脑风暴。通过极具创意的产品形象和质量过硬的品质形象，不断夯实“形象招牌”，让其在消费者和经销商的心里建立起方便速食领域新锐领导品牌的高端形象。

品牌塑造的另一个误区就是单纯寻找媒体炒作，或者寄托于某个机构授奖。虽然，公司通过赞助《扫黑风暴》等影视剧，让自嗨锅的“高光时刻”吸引了各国食品界热议，但蔡红亮依然认为，品牌的真正价值在广大消费者心中。消费者选择一件高端商品，最重要的不是因为“曝光率”，而是出众的品质，是品牌背后的文化象征。品牌不是虚无的，消费者之所以愿意用高价格购买同类商品，一定程度上是因为认同其所蕴含的使命、愿景、文化及价值观。

“以消费者为中心”，这句话不单指要满足消费者需求，更重要的是了解消费者心智和消费者心中既有认知的过程。只有得人心者，聚人气者，才能得天下！

然而，大多数人还是认为做品牌不过是做个标志，找找明星代言，做些推广。蔡红亮的观点却是：“品牌化是一个长期过程。打造一个品牌如同孕育一个孩子，希望看到它茁壮成长，必须树立全局观念，从长远考虑，统筹安排，把握节奏，有计划地坚持不懈进行。”“从品牌中挖掘人性，赋予品牌生命力。品牌的核心和依托点依旧是产品和服务，而产品品质是最终的回归点，踏踏实实做好产品是一切营销方式的前提。只有经过市场检验和时间沉淀，品牌才能真正建立起来。”

2021年，公司开启品牌集团化元年，实现从“自嗨锅品牌”到“自嗨锅出品”全面跃进。打造了9个一级品类品牌、26个二级品类、46种食品生产许可证，投资20亿元建设完成15家供应链工厂，总面积达60万平方米，开发冷冻和常温预制菜单品逾100个，拓宽价格带，向下沉市场发力，通过效率提升、性价比提升推动消费升级。完美化解广大经销商代理难、盈利难、经营难的顾虑和困惑，提升了其应对市场竞争的能力。

此外，公司还与陆军专业院校、火箭军野战快餐化试点部队联合研制中国新型单兵自热食品，创下行业纪录。

保护知识产权就是保护创新。随着国家对知识产权保护力度的加大，蔡红亮和李世玲既感受到了自主创新带来的红利，也体会到了“傍名牌”“蹭热点”对自身品牌的伤害。“自嗨碗”“自嗨族”等“野鸡”牌子堂而皇之招摇过市，质量低下，价格低廉，不仅影响了“自嗨锅”声誉，更损害了消费者利益，影响了公众饮食安全，他们希望有关部门加大对恶意侵权行为的规制力度。

/ 幸福源自奋斗，创业让人生更有意义 /

喝水不忘挖井人，致富不忘献爱心。

“工作之余，我俩经常思索一个问题，就是我们的产品、我们的初心以及我们带给社会的影响。企业发展对我们而言，必须做到负责任的发展，致力于业务增长的同时，要做有情怀有温度的企业，持续为国家为社会创造价值，让人生更有意义。”伴随着企业的发展壮大，蔡红亮的“生意经”也越念越大。

不忘桑梓，回报故土。在二次创业不断走向成功的路上，蔡红亮和李世玲始终没有忘记自己是“农民的孩子”。乡村振兴这份沉甸甸的责任，让他们看得很重，付出得也很多。夫妻二人经常参与公益事业，在向贫困地区捐款捐物、资助贫困学生的同时，面对面地去感知对方最真实的需求，定向采购了当地很多优质农产品，帮助农民增收。

2017年12月，他们向中国绿色碳汇基金会捐资参与“绿化祖国·低碳行动”植树节活动，支持在内蒙古呼伦贝尔地区植树造林约2万株，还投入“一县一品”项目，扶持宁夏（盐池滩羊）、川西（牦牛）进行地域特色的生态养殖。

2020年1月，他们把自嗨锅牌便携速食火锅第一时间紧急向武汉以及湖北其他地区抗疫医务人员捐赠35万份，总价值500万元，为当时奋战在一线的抗疫英雄解决燃眉之急。7月，一辆载有3万余份自嗨锅牌自热食品的大货车，连夜抵达江西余干抗洪一线。8月，他们在贵州爱心认养11亩金钗石斛，助力赤水生态农业发展。他们还联手凉山彝族自治州雷波县，找到当地脐橙果农，建立爱心扶贫助农基地。12月，他们向永川慈善基金会捐赠10万元用以修缮公路，走访慰问当地贫困家庭28户，在多个贫困村设立自嗨锅原材料订购基地，不仅从物质上助力家乡脱贫致富，更通过发展产业促进乡村振兴。

5月12日，是蔡红亮生日，也是汶川地震纪念日。去过汶川的他，谈起这段经历，依然眼眶湿润。为此，他们在汶川设立了花椒种植基地，全部负责回购。据统计，他们先后为上海疫情防控等捐赠产品价值1200余万元。

生活中，偶尔有闲暇时间，夫妻俩做饭、陪孩子、照顾老人，享受难得的美好时光。“美食是我们的爱好，每次吃到好吃的，会感到很幸福，我们很幸运把爱好变成了事业，让更多人也能从美食中体会到幸福。另外，美食和家庭也是互相绑定的，家庭幸福才是真正的幸福。”聆听李世玲的人生感悟，蔡红亮微笑中充满了幸福。

所有的成功都有迹可循，所有的幸福都源于奋斗拼搏。把一家公司从零做起，到做优做强，亲历了从线下门店到互联网痛苦转型过程，有欢笑悲忧，有荣辱成败。蔡红亮和李世玲作为创业“过来人”，历练了一身本事、满腹经验。

“创业，肯奋斗才会有机会。百草味是我们的大学，自嗨锅是我们的作品。百草味是卖货起家，自嗨锅是品牌起家。我们在百草味上吃过的亏，在自嗨锅上弥补回来了。自嗨锅成功完成了品类引领，成功做到了行业标准的制定者。产品供应链、品牌管理、产品销售等所有的环节线上和线下都是相通的。未来一定属于既有线下商务经验，又有线上销售经验的品牌……”透过蔡红亮的眼镜片，睿智的目光炯炯有神。

创业路上坎坷多，坎坷路上英雄多。见证了自嗨锅“异军突起”，工友们给蔡红亮起了个艺名“格鲁特”。身体虽为树木，但却不怕火。只要没有化成灰，即便粉身碎骨，也可以复活。同样，工友们给李世玲起了艺名“螳螂女”，她是其中成员之一。

企业强则国家强，企业兴则国家兴。2022年2月28日，习近平总书记主持召开中央全面深化改革委员会第二十四次会议，审议通过《关于加快建设世界一流企业的指导意见》。习近平总书记指出“企业家爱国有多种实现形式，但首先是办好一流企业，带领企业奋力拼搏、力争一流，实现质量更好、效益更高、竞争力更强、影响力更大的发展”；民营企业“要拓展国际视野，增强创新能力和核心竞争力，形成更多具有全球竞争力的世界一流企业”。

一流企业依靠一流质量和一流品牌，一流质量和一流品牌托举一流企业。谈及未来，蔡红亮畅谈了“三步走”规划：一是将自嗨锅打造成为中国互联网标准化餐饮的开创者；二是要做中国餐饮标准化的代表；三是要向世界推出标准的“中华料理”……目前，“自嗨锅”牌自热食品已经远销新加坡、韩国、欧洲等多个国家和地区，深受赞誉。

“在国内，我们要做消费者信得过的好产品；在国外，我们代表国家，要讲好中国食品故事，传播中国饮食文化……”蔡红亮和李世玲的家国情怀和世界眼光，已经成为企业的战略部署。

创建品牌、塑造品牌、管理品牌、保护品牌、提升品牌，显然任重道远。从一个小众“网红品牌”到被大众接受的“长红品牌”，让自嗨锅牌自热食品越来越嗨，走向世界，这是蔡红亮和李世玲“一辈子的课题”，也是他们念念不忘、久久为功续写的新传奇。

“伉俪情深，相伴意长。南来北去，携手扶将。”祝福蔡红亮和李世玲，祝福国货新品牌自嗨锅自热食品驰名寰球，为国争光……

（文中图片等资料由主人公提供）

鼓励发条 GuliCoffee：“好喝”的国内首家花式功能咖啡长什么样

仲昭明

“鼓励发条 GuliCoffee”商标品牌创始人

咖乐纷（北京）品牌管理有限公司 CEO

咖啡的世界很小，但绝对精致和深邃。

咖啡香味在空气中回旋，令我想念那逝去的情缘。

一杯咖啡冷了，总有另一杯在炉上沸腾，我们在咖啡馆里见证天荒地老。

书桌上放一杯咖啡，我会细细品味其中苦滋味，其实它留给自己的不是苦而是意犹未尽。

品尝咖啡，不仅是一次味觉上的享受，更是一次身心的洗礼，通过品味咖啡，我不仅收获了友情，更是收获了人生！

犹爱咖啡的这种苦涩，恋上这种不加糖的coffee，散发出一阵阵浓浓的醇香味，入口的时候，确实感到一股苦苦的味道，但在入喉的那一刻，感觉到一丝微甜，品咖啡，如同品味百味人生。

……

一位痴迷咖啡的文艺青年，特别喜欢与此有关的“诗情话意”。在这个曾经和现在，都被认为最有可能“一夜暴富”的饮品领域，他深耕十多年，梦想是打造国内首家花式功能咖啡品牌。

他，就是“鼓励发条GuliCoffee”商标品牌创始人、咖乐纷（北京）品牌管理有限公司CEO仲昭明。

/“好喝”的咖啡什么样 /

咖啡，是采用经过烘焙的咖啡豆制作的饮料，已成为人类社会流行范围最为广泛的饮料之一。咖啡，还是中药名，为茜草科咖啡属植物小果咖啡Coffea arabica L、中果咖啡C.canephora Pierre ex Froehn及大果咖啡C.liberica Bull ex Hien的种子，具有醒神、利尿、健胃功效，主治精神倦怠、食欲不振等。

不久前，一篇名为《那些长期喝咖啡的人，现在都怎样了？》在朋友圈刷屏，不少人在转发时感叹：终于为咖啡正名了，一天两杯的我放心了，应该转给家里长辈们看看……

年轻人乐于看到咖啡被正名，或许是因为离不开这种苦涩饮料的人越来越多了。国信证券《咖啡行业专题研究》显示，预计2025年国内咖啡市场规模将突破10000亿元。早上一杯开启一天工作，下午一杯清扫困意，需要咖啡的时间段不止一个；现磨咖啡、速溶咖啡、即饮咖啡，冻干、冷萃……咖啡的各种面貌和创新形式层出不穷。

衡量一个地区的咖啡普及程度，现在最常用的一个标准是人均咖啡杯数。国内的一线城市，人均咖啡消费量仅在20杯到30杯，如果平均到庞大的全国人口，每年咖啡消费量还不到一杯。而且我国没有经历第一次、第二次咖啡浪潮，直接进入了第三次，消费者的口味都是被驯化的，没有流派和细分。因此，在火热的国内市场，有关咖啡的创新远未结束。

然而，一杯好咖啡到底是什么样的？仲昭明认为，一杯好咖啡的决定因素十分硬核，涉及整条咖啡产业链，从生豆的种植、处理、烘焙技术，一直到萃取，好咖啡的极致犹如味觉和嗅觉的交响乐，其魅力所在也因为它能够承载人的情感和城市文化。

很多人说，做咖啡就是做餐饮，仲昭明承认这一点，但心底不接受。他固执地认为，自己做的是文化的事情，咖啡是人们从追求物质文化到追求精神文化的转变，是在传播知识价值、审美价值、人生价值。

因此，在热闹纷繁的咖啡行业，仲昭明致力于打造国内首家花式功能咖啡品牌，在追求好喝咖啡的道路上乐此不疲……

/“有料”带来健康正能量 /

纸上得来终觉浅，绝知此事要躬行。经过深入调研，仲昭明发现，事实上对咖啡的健康呼唤在全球范围内是个大趋势，除了喜爱咖啡的风味或者为了摄入咖啡因提神外，健康有料是全球消费者的共同期待。

麦肯锡消费者调研数据显示，72%的城市消费者表示在积极追求一种更健康的生活方式；大城市中60%的消费者表示会经常查看包装食品的成分表，会选择看起来更健康的产品；55%的受访者表示健康和天然原料是他们购买产品时的首选因素。

如果用一个词形容年轻人对于健康的期待，焦虑无疑是贴切的，焦虑的年轻人正成为线上营养健康饮品消费增长的推动力。“保温杯泡枸杞”“朋克养生”是佐证，反映出年轻人在工作压力大、时间紧张的情况下，无力时时顾及养生的无奈。

随着认知的提升，仲昭明越来越感到，传统速溶咖啡普遍含有香精和糖，谈不上健康；精品速溶健康，但要么冲泡出的咖啡是“酸苦”的黑咖啡，要么需要配奶，接受门槛较高，不是大众需求。好咖啡+好风味+好原料组合的健康精品咖啡，才是未来国内咖啡市场最终方向。他做了个比喻：“这就好比大家都想做一碗好的面条。这个面条非常白净，非常纯粹，采用进口面粉比较劲道。但是中国的消费者更爱吃的是方便面、拉面，或者说像空客意面这样一个调配好的口感产品。”

基于对行业的全面系统分析，对咖啡市场痛点的精准把握，以及看准风味和健康合二为一的市场空白。2021年初，仲昭明和他的团队创立了咖乐纷（北京）品牌管理有限公司，推出新产品“鼓励发条GuliCoffee”。

“鼓励发条”，定位为国内第一家花式功能咖啡。在口味上，进行改良创新，不酸苦还健康；在产品形态上，加水摇匀后即可饮用，野餐、徒步等户外场景中相较精品速溶更为方便；在价格策略上，7元至10元作为标杆产品，3元至5元作为基础款产品；在品牌寓意上，“鼓励”代表正能量，“发条”代表不断坚持正能量的动力，是希望喝到它的人能够像童年里的发条玩偶般在成人现实生活中也能充满童趣，在人生处处充满竞争的辛劳之余依然自我鼓励，永远充满前行动力。并及时在第30类、第32类、第35类等商品和服务上进行了首轮注册布局，成为获得法律授权保护的自主知识产权。

首批“鼓励发条”六款产品已于2021年5月在天猫上线，分别是“酸橙美式”“薄荷美式”“蘑菇摩卡”“意式拿铁”“椰风防弹”，每一款产品都匹配了不同的花式口味和健康功能，在咖啡这一赛道上开创先例。以酸橙美式为例，它为皮肤添加2克提取于深海鳕鱼的胶原蛋白肽以及50毫克透明质酸钠，主打水润抗氧的护肤功能；又如蘑菇摩卡，其中富含猴头菇和蛹虫草提取物，能够帮助清除自由基、抗氧、提高抵抗力。

咖啡是一个不断年轻化的产品，从包装到内容，“鼓励发条”都想让消费者感受到青春带来的活力、有料带来的鼓励。

/“品牌”卖给懂行的人/

创始团队对初创品牌的生命力起着决定性作用，而“鼓励发条”的创始团队都有着品牌传播背景，给“鼓励发条”带来了与生俱来的品牌基因。

仲昭明，是资深电商及品牌创意人，曾是咖啡品牌大卫之选咖啡联合创始人，曾任职于宣亚公关、大卫之选和京东，历任创意总监、总经理和市场总监。

为此，他们从品牌名、包装瓶、随产品附赠的贴纸等，都在系统地向消费者传递“鼓励”的正能量，每一个点滴的设计都有理念可循。

产品细节是传递品牌的超级符号，让用户能够“玩起来”。为了抓握起来非常舒服，“鼓励发条”瓶身采用6.09厘米的直径，并且借鉴了人体工程学，让抓握更加舒适。随产品附赠的贴纸、瓶身的感叹号，都承载了这种想法。

同时，此前在大卫之选和京东的工作经历，也赋予了仲昭明在供应链和渠道端的经验资源。前者能够保证产品的品质和稳定性，后者则为品牌拓展了更多资源。“鼓励发条”的用户中很多来自互联网大厂的市场部，这部分用户所具有的市场判断力对前期产品的反馈有很大价值，“鼓励发条”通过这些用户的反馈去调整产品，从而更好地去贴合用户需求。

谈起未来，仲昭明坦言，如果说这个世界上，有一种东西，让大家最熟悉又最陌生，咖啡无疑是其中之一。当前，新茶饮连锁品牌喜茶已经开始卖咖啡，瑞幸咖啡上线了茶饮产品，中国人味蕾兼容并包，也说明饮用场景被激活之后，人们在尝试各种可能性。从理念、产品形态到品牌打造，持续热闹着的咖啡市场一直在期待着更多创新者。“鼓励发条”要走的，显然是更符合国人消费习惯的路线。我们要做的就是把精力放在打磨内功上，磨炼供应链能力，寻找更好的原料，再加大品牌曝光，让消费者感受到“超有料”“超有文化”。品牌要卖给懂行的人，因为真正创造品牌的是消费者。

据悉，“鼓励发条”已获得民天未来投资机构及个人投资者的数百万人民币种子轮投资，目前正寻求天使轮融资，相信“鼓励发条”会为咖啡市场和消费者带来更多惊喜。

一边喝着咖啡，一边护肤养生，一边给自己每天鼓励，这样的咖啡，谁不get？

（文中图片等资料由主人公提供）

量子 E=hv

量子 E=hv：40年“老鞋匠”用传统手艺+现代科技打造“有记忆力的鞋”

卢海军

“量子”“E=hv”商标品牌创始人

北京昌恒皮具制作有限公司和北京中革工易科技有限公司董事长

千里之行，始于足下。

竹杖芒鞋轻胜马，谁怕？

划袜步香阶，手提金缕鞋。

踏破铁鞋无觅处，得来全不费工夫……

古往今来，在人类歌颂的事物中，有关鞋的内容总能引起一位男人的关注。

“脚作为人体重要部分，双脚有52块骨头，70多个反射区……无论作为保护或是装饰用途，鞋对人们生活不可或缺。鞋都是人类的好朋友。”

“婚姻就像鞋子，合不合脚只有自己知道；脚舒不舒服，鞋子知道。我们用传统手艺和现代科技打造的新款鞋，就是做到让鞋有记忆力，穿过之后还想穿……”

路在脚下，鞋在脚上。跨过千山万水，踏遍万里崎岖，陪你走南闯北，引你走向成功之路。

这位对鞋子爱得执着、钻得执迷的男人，就是“量子”“E=hv”商标品牌创始人、北京昌恒皮具制作有限公司和北京中革工易科技有限公司董事长、北京市昌平区政协委员、北京承德企业商会常务副会长卢海军。

/“放牛娃”梦想穿上舒适的鞋 /

首都京城东北200多千米，有一座国家历史文化名城。因“承受先祖德泽”，故取名承德。这里不但夏天避暑，而且冬天避寒，风水宝地养育了一代又一代和善上进的承德人。

1966年，一个特殊的年代。吃不饱、穿不暖，住土坯房，是大多数人的生活常态。刚刚出生的卢海军，便尝遍人间疾苦。五六岁时，就和哥哥、姐姐等大孩子们一起放牛、喂羊、砍柴……

“那个时候，可以说是家徒四壁，连一双像样子的鞋子也没有。夏天有时光着脚，冬天穿的也是哥哥、姐姐穿小了的旧鞋，加上道路崎岖不平，经常隔得脚痛，做梦就想能有一双舒适的鞋子该有多好啊！”对孩提时代，卢海军记忆犹新。

1977年，卢海军10岁。曾是解放军的父亲，是志愿军英雄董存瑞的战友，退役后担任村治保主任，因患肺气肿，加之操劳过度，不幸病逝。没过几年，母亲也因病去世。吃百家饭、穿百家衣长大的卢海军，和哥哥、嫂子住在一起。

穷人家的孩子早当家。1983年，刚满17岁的卢海军决定外出打工，要自食其力。姐姐嫁到了天津后，就把他引荐到天津一家皮鞋厂做学徒。

“当时，鞋匠是一个很低贱的工作，和木匠、铁匠等一样被人看不上。锤子、锉刀和胶水是主要‘三大件’，我每天跟师傅学刷洗皮料、切割布料、缝合粘胶，叮啷咣当，一双手总是脏兮兮的。每个月30元工资……”

之后，卢海军又来到北京八达岭某鞋厂当工人。从那时起，他就再也没有穿过破烂不堪的鞋子了，因为他是“鞋匠”，自己首先要穿一双干净得体的鞋子，对得起自己的身份。

/ 做一双点亮整身衣着的“好鞋” /

1992年，在改革开放的春风里，希望的田野蓬勃生机，也孕育着原始的生长能量，更是给每个人带来了新的机遇。

心怀梦想的卢海军来到温州，继续在“鞋业江湖”打拼。从全面系统学习制鞋技能，到全面系统学习企业管理，他不仅成长为一名高级鞋匠，而且经过车间主任、厂长等岗位的历练，让他拥有了制鞋行业的“十八般武艺”，积累了精湛的技艺和对行业的洞悉掌控能力，为以后“自立门户”打下了坚实基础。

2003年，机缘巧合，卢海军回到北京。起初，他开饭馆当老板，出师不利后又当打工仔。千转百回，经过一次次打击后，他进一步认清了属于自己的赛道，在好朋友帮助下，他选择回归老本行。

2006年8月，卢海军投资40万元，在位于素有“京师之枕”美称的昌平棉山开发区188号，创建昌恒皮具制作有限公司。一家掩映在山花树木间的充满生命力的中小企业由此诞生。他的经历再次证实了一个道理——你把时间花在什么地方，你就是什么样的人。人生注定要使他做一个“鞋匠”，而他也顺应了这种命运安排。

甘于顺应而不甘于顺从。卢海军厚积而薄发，懂业务、通市场的他把作为掌柜的责任转化成科学制订公司战略、系统谋划业务板块、自主创新核心优势、充分调动员工积极性等工作动力。“崇仁尚礼、重信修慧”的企业精神、“立足科技、智能未来”的企业宗旨等不断确立完善……

2008年，卢海军推出著名品牌“凯萨罗帝”，在全国各地建立销售网络，以专卖连锁加盟等多种形式把品牌推向市场。他的妻子、弟弟和儿子先后加入公司，助力公司发展壮大。

“在喧嚣的时代，人们对手工产品的偏好，正是对安详简朴生活的一种致敬。为此，我们通过培养手艺好的工匠师傅，把需要百余道工序才能制成的皮鞋，一针一线地缝制，同时依靠不间断的创新设计，生产的稀缺手工制作品，很快站稳了市场。”卢海军时刻保持对行业的高度敏锐。

“鞋业市场和其他许多市场一样，消费者个性化需求越来越多，越来越高，必须在稳住传统优势同时，紧跟市场潮流，加大研发力度，市场变，我就变，而唯一不能变的则是产品的品质……”卢海军带领科研人员，先后发明“一种舒适型加热鞋子”“一种环保型喷胶机”“一种夹层可镶嵌安装聚能量子芯片的鞋子”等专利15项，拥有“凯萨罗帝”“卢字号”“青云屐”“量子”“E=hv”等有效注册商标20多件。

实用新型专利证书

局长
申长雨

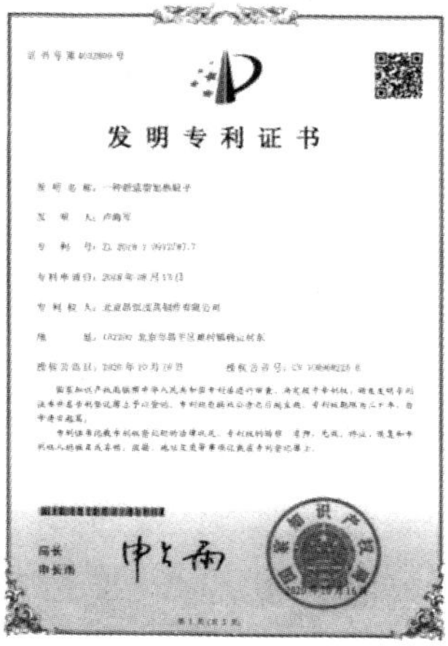
发明专利证书

局长
申长雨

有了金刚钻，敢揽瓷器活。当年北京举办“亚太经济合作组织”国际会议，3500多个高级公文包，全由卢海军和他的团队提供。有的产品，特别是他们生产的皮鞋、休闲鞋等远销尼日利亚、塞浦路斯等国家，受到联合国教科文组织北京办公室赞扬，被有关部门授予“高新技术企业”牌证。

人靠衣装马靠鞍。一双双好鞋，点亮了购买者自身整体形象，成为比拥有任何财物都更能显示一个人生活方式、工作方式和个性品位的主要象征。对此，卢海军引以为傲。

/ 不神话“量子”但重探索创新 /

时代的发展，日新月异，特别是科学技术的迭代颠覆，迅雷不及掩耳。近几年来，我国在量子通信、量子计算领域不断取得创新性突破，很多技术已经走在世界前列。

2016年，为响应国家大健康号召，卢海军迅速组建了一支国内外量子科研专家队伍，经过三年多的研发与临床试验，结合传统手工艺制作，推出了新一代舒适的智能健康鞋——“量子”“E=hv”鞋。

“量子”“E=hv”鞋，除了选用优质羊皮、牛皮等材质和传统手工制作，具有鞋底舒适、防滑耐磨、防水透气等功能外，还运用量子纠缠和量子叠加原理，在鞋内里能量仓装有量子能量芯片，对人体运动行走的稳定性和平衡性有一定辅助作用。其中智能加热、生物电康养等功能，填补了这一领域空白。

“我们取名‘量子’，不仅因为它是一个现代物理的重要概念，具有神秘感，而且与我国古代《周易》中的传统文化有关联，是传统与现代跨越时空的大智慧。‘E=hv’，是光子能量的大小表达式……”对于注册商标和品牌的选择，卢海军和他的团队也做了大量功课，其包装设计同样体现了浩渺的蓝色星空、无穷尽的宇宙、运动连接的量子等元素。

关于打造“有记忆力的鞋”，卢海军坦言：“我们说的有记忆力的鞋，指的是当鞋子合适的时候，脚容易被忘却，但人却知道自己喜欢穿哪一款鞋子，这也是‘鞋子哲学’精髓——当鞋子与脚达成舒适的默契时，脚才得到真正自由，正是鞋子美学和功能的最高境界。”

“‘量子’‘E=hv’鞋属于高科技的量子产品，但不能把它神化了，就像银行工作人员穿的报警鞋，运用的是一个领域的科学技术，使之具有区别普通鞋的特殊功能。”卢海军多次谈及要辩证认识新鲜事物，对社会上恶意炒作量子概念的鞋、保健食品等，他同样表示反感。对于如何把高科技知识运用到鞋、包等皮具上的探索创新，他表示会持续关注、笃行不止。同时，期待能有更多资深专家参与进来，用科学理论来指导，用科学技术来赋能，促进制鞋行业提质增效，高质量发展。

买到一双高品质又便宜的好鞋，是所有消费者心愿。但无论是普通鞋还是功能鞋，鉴定其质量好坏，无非从外观和内在指标两方面着眼。卢海军的售后服务不仅包括保质期高于国家标准的6个月、免费保养一年等，而且包括指导消费者如何买到好鞋、穿鞋场合的讲究等。“内在指标，需要借助于检测仪器。外观上，主要看鞋的材料，包括鞋面、鞋帮、鞋底、鞋里质量和做工。光面鞋，要看其是否柔软和丰满，用手按下鞋面后，是否出现松面现象……尺码可以度量，工艺以目测、手摸、捏、推为主……”

树枯根先竭，人老脚先衰。人壮凭脚健，脚是健康根。

人生40年，卢海军把制鞋、售鞋、修鞋作为天职，他以工匠精神赋予鞋以灵魂和文化，助力人们走健康路、做健康人。未来，他表示，将继续用传统手艺和现代科技的完美结合，打造智能制鞋新模式，力争为消费者带来更好的别样体验。

任重道远，道阻且长。行而不辍，未来可期。“量子”“E=hv”鞋必将如同他的名字一样，接受市场、制鞋行业和消费者“火眼金睛”的检验……

（文中图片等资料由主人公提供）

砺刃：让国防教育“活起来”“火起来”

程如意

“砺刃”商标品牌创始人

北京砺刃教育科技有限公司创始人

“一组左翼包抄，二组右翼穿插，三组跟我来，冲啊！”一时间，丛林中硝烟弥漫，喊杀声震天……

这不是实战，也不是军事演习，而是一次普通的青少年国防教育，只因为他的组织者认真备课、严密部署，设计地有剧情、有场景，让体验者身临其境、勇往直前，以至于“以假乱真”。

这位组织者，就是“砺刃”商标品牌创始人、北京砺刃教育科技有限公司创始人程如意。

/ 愿余生为国防教育再添把力 /

每名退出现役的军人，都难免对择业有过迷茫与纠结，程如意也不例外。1975年出生的他，对部队爱得热烈而执着，一干就是27年。

国防大学硕士研究生，参与全国学生军训管理工作16年，两次荣立三等功……从青丝到白发，大半辈子献给了部队。在服役期间，由于工作上特别努力，战友们给他送了个绰号“拼命三郎”。每次参加国家级的大项活动筹备组织，他基本上都很少在凌晨2点之前睡觉。积劳成疾之下，2015年，他查出了肝硬化，而且距肝癌只差一步，就这样，他人生第一次躺在了医院的病床上，这一躺，就是一个半月。

年届不惑之年，躺在医院的病床上，他终于有时间思考人生，突然发现自己前40年的人生很神奇：一出生就因为那个物资奇缺的年代3次被父母准备放弃，出过6次严重的车祸，溺水2次，触电2次，医疗事故2次，次次都要命的那种，加上这次，他突然发现自己已经经历过16次生死劫了，一生可谓命运多舛、一波三折了。但为什么每次都能化险为夷，与死神擦肩而过，这都缘于每次都能遇到好心人救助，缘于赶上了这个繁华的盛世，于是，他更对这个繁华的盛世产生了感恩之情，更加想利用余生为社会、为国家多做点有意义的事。鉴于身体状况已经无法适应部队高强度的工作，他也不想给部队增加负担，于是萌生了退役的想法。

但退役后能干什么呢？

一个个白天、一个个深夜，程如意在回首过去，在分析现实，在展望未来。经过半年多思考和调研，他深深感到，全民国防教育的使命已经深深镌刻在了他的身体里，正如忠诚融进了他的血液中。

“在多年从事全国的学生军训管理工作中，我感受到了一种危机感、紧迫感。主要是研究中外历史后，我更加坚定地认为，任何一个兴盛的民族背后必然站着一支强大的军队，而任何一支强大的军队背后，必然是一个崇军尚武的民族。崇军尚武这种意识不是生来就有的，需要经过长期不断的后天培养和传承，这就是国家一直重视和强调的国防教育。我们的国防是全民的国防，如何最大程度地调动起全国人民关注国防、支持国防、参与国防，从而实现中华民族伟大复兴的中国梦，更离不开国防教育。而当前我们的国防教育始终不愠不火，急需在形式和内容上大胆创新，让国防教育活起来、火起来，办出人民群众喜爱的国防教育，我何不把这作为自己余生的发力点？！”这一刻，他突然有了一种豁然开朗的感觉。

愿用余生奉盛世，暂为国防育栋梁。

其实，这样的想法，10多年前程如意就有了，儿子是他做国防教育改革创新的第一个“试验品”，这一试就是12年。他每年暑假鼓励儿子参加一次军事夏令营，有时自己还亲自设计课目，研发“少年版”军事地形学和战术训练。“实验结果”令人满意，儿子通过军事夏令营端正了学习态度，培养了良好习惯，提升了学习效率，虽然没上过一天课外辅导班，最终也以优异成绩考入985大学。

古语讲，少年兴则国兴，少年强则国强。“习近平总书记强调，要‘培养德智体美劳全面发展的社会主义建设者和接班人’。我的理解是，不仅要把青少年培养成为合格的社会主义事业建设者，还要培养成为合格的社会主义事业保卫者！”从联想自己孩子成长历程，到规划青少年国防教育创业方向，他下定“作战决心”，正式向组织申请退役，单位领导多次挽留，在听了他退役后的规划之后，最终也选择了支持。

退役之后，目标清晰、方向明确的他直接按照自己先前的“图上作业”，开始“摆兵布阵”。

志合者，不以山海为远。程如意的创业思路、目标、举措等，得到了一群有志于国防教育退役战友的加入。

从原第二炮兵司令部退役的正团职干部王永，是教育部国防教育专家组成员、全国民兵工作先进个人、国家二级心理咨询师；从某军分区武装部副部长退役的孙艳明，不仅是国防教育专家，而且是户外运动专家；三军仪仗队、海军陆战队和特种部队等优秀退役军人，如同“若有战、召必回”一样，一个创业团队和教学小组很快组建完毕。

一群志同道合的退役军人，做一件开启国防教育之旅的事业，一步步把可能变成可行。

秋日，北京平谷，凤凰山，层林尽染。清晨五点，薄雾缭绕。程如意望着长城脚下刚刚选址的国防教育基地，他眼神坚定：“这是太阳升起的地方，也是我要为之奋斗余生的事业。”

/ 愿做一块为好钢开刃的磨刀石 /

十年树木，百年树人。“每个孩子都是一块好钢，我愿做一块磨刀石，为孩子们开出好刃。”首先让青少年爱上国防教育，已成为程如意心里唯一的信念。

信念愈坚定，思路愈清晰。“砺刃、立人、利人”，一个名字在程如意的脑海里愈发明朗，原本为企业起名煞费苦心的他如获至宝，与团队成员商议后，大家一拍即合。

于是砺刃以其“砺砥锋刃、立德树人、利于他人”的三重寓意成为公司的名称和品牌，2015年5月，注册成立北京砺刃教育科技有限公司，并陆续在第25类“服装”、第35类“广告宣传”、第41类“教育、培训”、第43类“提供野营场地设施”等类别上申请注册商标“砺刃”“砺刃教育”等，获得法律保护。

“砺刃”的课程研发，是重要的软实力。程如意和团队明确分工、携手合作、蹄疾步稳。“塑造优秀人格、培养良好习惯、锻炼强健体魄”的教育目标，“启迪、引导、唤醒、支持、陪伴”的教育理念，“团结、勤奋、创造”的企业精神，“诚信、进取、奉献”的经营理念等，也陆续出台；致力于军事文化传播及青少年国防、军事教育，开展社会实践、学生军训、军事夏（冬）令营、研学旅行、国防教育、退役培训，依托基地将社会团体特色党建、军事拓展、入职培训，以及真人CS野战、亲子休闲游、沙盘演练、教练培养等融为一体的服务内容亦逐步完善。

与此同时，经过广泛考察，程如意和同事们在平谷彰作村北将军关长城脚下的一片荒山，开始了“南泥湾”大生产，自己动手建设实体国防教育基地。清理垃圾、拔除荒草，施工监督、架设器材……，他们白天奋战在基地、晚上夜宿在基地。

这里周边军事遗迹较多，基地以南有一座牛头山，为宋金牛头山大战的遗址；基地以北有一段特殊的白色长城，是北京长城文化带唯一一段石长城，也是当年抗倭名将戚继光为抵御鞑靼骑兵修建；基地内凤凰山主峰山顶，有抗日战争时期侵华日军修建的战壕和炮楼遗址，为了铭记这段历史，基地还专门立了一块抗日革命烈士纪念碑。

最是艰辛却甘甜。看着荒山一点点变样，基地一天天初具规模，来基地的人越来越多，程如意和战友们心里像吃了蜜一样甜。“还是喜欢握枪的感觉”“和孩子们在一起，感觉自己还年轻”“寓教于乐，探索新生代青少年国防教育模式，感觉很神圣很有意义……”

“砺刃”团队骨干不同的心声，折射的却是同一种情怀。

/ 愿国防教育有趣有效有用 /

国防教育不怎么受欢迎，是近年来世界范围内一个共性，与此形成鲜明对比的是，战争类网络游戏却备受青睐，甚至到了痴迷的地步。

发现问题是本事，解决问题是能力。如何走出国防教育刻板印象的“老三样”——走队列、喊口号、叠被子，是新成立的砺刃团队要做的第一件事。

“我们把部队中能让青少年学习的课目进行降维增趣，把时下最吸引青少年的热点融入国防教育实训课目中。”他说。没过多久，陆战之王、荣耀传承、特战精英、342高地等一系列孩子们一听就热血沸腾的课目应运而生。

探索、总结、推广。“经过一段时间理论联系实际，我们确定了有趣、有效、有用的‘三有原则’，力求做一个最‘野’的国防教育基地，希望这‘三招’能让孩子们体验真正的军营生活，能够爱上国防教育。”谈到兴奋处，两鬓白发的他犹如热血少年。

基于得天独厚的条件，野战、野炊、野营、野训，让砺刃做最“野”的国防教育基地想法得以实现。“走，到凤凰山上打野去！”已成为基地附近青少年口头禅。很多孩子到了基地就不愿意走，一待就是好几天；有的回去之后很快再呼朋唤友重返基地，与好朋友并肩“作战”，玩得不亦乐乎。最让程如意欣慰的是，好多孩子因此戒掉了手机、网游。有的孩子说：“比手机、电脑游戏有意思多了。”这是给予基地国防教育课程最好的评价。这种国防教育的理念也得到了国家相关部委的支持，教育部国防教育办公室2018年、2019年连续两年组织全国学生军事训练营时，都邀请程如意及砺刃团队来做课目设计、标准制定和部分课目的组织实施，这些课目的趣味性、体验感都获得了各省参赛学生的好评，大家一致认为，这才是国防教育和学生军训应该有的样子。2019年，国家国防教育办公室还在基地专门召开了新时期的国防教育论坛。

2020年，CCTV7想做一档青少年国防教育的综艺节目，经国家国防教育办公室推荐，最终选定了与砺刃教育团队合作，由程如意任总顾问，王永任顾问，从节目策划、内容设计到教官、场地、装备器材保障，都由砺刃教育团队来完成，节目在CCTV7播出后，引起很大反响，家长和孩子们都很爱看，大家都认为，这才是孩子们最应该看的节目，而且寒假和暑假都有家长点播重播。

为了钻研适合青少年的国防教育，达到更好效果，程如意自学了三年心理学，考取了国家二级心理咨询师，带领团队开创了将国防教育与心理学相融合的国防教育心理学。他坚信没有教不好的孩子，先解决“好学习”的态度问题，再养成“学好习”的方法和习惯，最后一定能达到一种“学习好”的效果。“好学习，学好习，学习好”三部曲的理念，在实践中不断得到印证。

2019年，程如意带领团队在河南做了一个群体实验，选择了一所当地高考成绩垫底的高中，孩子们在学校的目标多是为了“混”一个高中文凭，对于上大学完全没有想过。程如意选择了两个班成立“国防特色班”，分别命名“红军班”和“蓝军班”。按照军训大纲进行为期14天训练，在基础的军训内容上穿插了大量心理学的互动体验和励志讲座。

期间，作为“编外班主任”，程如意每天早上陪孩子们出早操。看着孩子们学习累了，就带他们到操场上玩一个军事小游戏，打一场“红蓝”攻防战，孩子们高喊口号：“我们是刀尖上的锋刃！”

在好玩中吃苦，在吃苦中玩好。14天军训，孩子们从一开始下达口令到集合完毕的10分31秒，到训练后的1分18秒；从一开始366个孩子只有24人有信心考上本科，到军训完90%的孩子将211院校作为自己的目标大学，立志珍惜机会、全力备考。2022年高考，这两个班的高考成绩一鸣惊人，重点本科上线率高达60%。高考结束后，孩子们普遍的感觉就是，作为一名国防特色班的准军人，我们就是跟别人不一样，穿上迷彩服，就要用军人的标准在生活中、学习上要求自己，像军人一样生活，像打仗一样学习，这才使我们考出了我们自己都不敢想象的成绩。

屏气凝神，瞄准，射击，这个简单的军事动作，能提升孩子们的专注力；军营的一日生活制度，能治好孩子们的拖延症；跣行千里的军事小游戏，能提升孩子们的协作能力……程如意成天琢磨，军事上的什么课目能够运用到孩子好习惯的培养上。

2018年，程如意又将目光投向无人机。青少年喜爱无人机是个好兆头，何不引入无人机虚拟格斗作为国防教育的一种新尝试？他觉得国防教育应该跟着时代走，让青少年对国防教育始终充满“新鲜感”。于是，他抱着试试看的态度，向国家国防教育办公室提交了创办全国无人机智能战术对抗赛的申请，很快获得审批，2019年国家国防教育办公室专门发文，将全国无人机智能战术对抗赛作为新中国成立70周年全国国防教育十项活动之一，当年7月，在上海组织启动仪式后，仅一个月时间，全国就有近百万青少年报名参赛，作为创始人，他非常欣慰，“国防教育+科技创新，这说明我们的路走对了！孩子们就是喜欢有时代感、有特色的国防教育。”作为一项全新的赛事，怎样开发出可以实现空中虚拟格斗的无人机，这是一个技术难题，为了解决这个难题，他带领团队遍访开设无人机专业的大学、无人机研发团队，最终联合上海交通大学、北京航空航天大学、北京科技大学等七所高校，开发出了全世界首款空中虚拟格斗无人机“空战一号”，多旋翼无人机加挂加特林机关炮，炫酷的外形一亮相就深受孩子们的喜爱，而且空中格斗时声光电俱全，无人机被击落时还能冒蓝烟，硝烟弥漫，完全是一种身临战场的感觉。所有参赛选手均表示，这种全新的国防教育比赛形式，既让我们喜欢上了国防教育，又让我们由整天玩手机的“低头族”变成了玩无人机的“抬头族”，还有效防控了近视率，将来如果国家需要，我们还可以操控实战型的无人机，保卫祖国的领空。看到这项赛事这么受欢迎，下一步，程如意带领他的团队将把这项赛事做大做强，升级成为国防教育的一项常规赛事：未来，可以实现无人机、无人舰艇、无人战车的陆海空联合立体虚拟对抗，以吸引更多的青少年参与到比赛中，以赛促教、以赛促训，通过这种全新、生动、有趣的国防教育赛事促进全民国防教育的普及。

栽下梧桐树，引得凤凰来。正是通过这种国防教育形式和内容的创新，让国防教育重新焕发的生机和活力，他们做的国防教育也越来越活，越来越火。北京邮电大学附属小学、上海政法学院、北京师范大学附属中学、北京市委党校新入职公务员、北京八中京西附属小学、平谷区第一小学、廊坊十三小学等师生，都在北京砺刃教育实训基地留下了难忘的“军旅生涯”。

理论来自实践，实践升华理论。“砺刃”团队先后编写《普通高等学校军事课教程》《青少年国防教育知识读本》等，参与国家部委《国防教育基地在学校国防教育中的作用》《退役军人担任国防教育辅导员培养机制研究》《中小学生综合社会实践国防教育课程的内容与组织实施》《高中阶段学校学生军训问题研究》等课题研究报告，2022年更是作为创始单位与退役军人事务部联合申请了国防教育辅导员新职业，获得审批通过，正式纳入新修订的《中华人民共和国职业分类大典（2022年版）》，对下一步创新国防教育内容、强化国防教育师资队伍和促进优秀退役军人就业都将发挥重大推动作用。

回望岁月忆峥嵘，千帆竞发启新程。党的二十大报告提出“深化全民国防教育”，程如意和同事们对此信心满满，干劲更足。

砺刃，砥砺锋刃育栋梁，国防教育立标杆。

（文中图片等资料由主人公提供）

茶非酒
CHAFEIJIU

茶非酒：
有茶有酒有歌有故事的品牌是怎样炼成的

杜谦

“茶非酒”商标品牌创始人

山东叁仁行餐饮娱乐有限公司总经理

闪烁的霓虹，酷炫的灯光；

激情的音乐，超燃的气氛；

轻松的空间，健康的饮品；

喝茶不枯燥，喝酒不大醉。

一位深耕餐饮行业20年的创业青年——山东叁仁行餐饮娱乐有限公司总经理杜谦，厚积薄发、创意迸发，巧妙把市井烟火气与健康、交际、现代、时尚和科技感相结合，用心用情打造新时代青年健康生活方式的国潮新品牌——“茶非酒”，成功浸入年轻消费者心智。

/ 生存：一天到晚净琢磨吃和喝 /

山东滕州，历史悠久、人才辈出。古为“三国五邑之地、文化昌明之邦”，是“科圣”墨子、“工匠祖师”鲁班、造车鼻祖奚仲、招贤纳士的孟尝君、勇于自荐的毛遂的故里。其名，取自古时此地温湿多雨，泉流腾涌，故以“滕”为名。

20世纪80年代，杜谦出生在这里的一个普通农民家庭。

滕州虽距曲阜仅百里之遥，但是滕文化并不像鲁文化那么保守内敛，更似齐文化的开放、吴越文化的逐利。滕州人勤劳、智慧、能吃苦，为人精明，脑子活络，历来有崇商重商经商传统。

初中毕业后的杜谦，因为家庭贫困等原因辍学。虽然离开了学校，但却一直没有放弃“学习”的信念。“不能在课堂上向老师学习，就在社会上向实践学习。”他在心里默默定下决心，自学也要成才。

生存，是所有人进入社会的第一道门槛。十五六岁的杜谦，开始谋划如何“挣钱”养活自己。

老话说得好：“民以食为天；开门七件事，柴米油盐酱醋茶。”人是铁，饭是钢，一顿不吃饿得慌。餐饮行业属于刚需，每个人都离不开，加之杜谦的父亲做得一手好菜，从小他就对美食产生了很大的兴趣。

“餐饮是一门手艺，是个技术活，到哪儿都饿不着。”抱着这样的朴素想法，杜谦尝试着干起了“学徒”，中餐厅配菜、跑堂，西餐厅当服务员、吧员、经理，基本上餐饮娱乐行业都做过，他把每个岗位当成历练的难得机会，边干边学，边学边积累。

经过近13年的“实战”，在家人和朋友支持下，杜谦踏上了创业之路。

创业解决生存问题，创业实现人生梦想。于是，一天到晚琢磨吃和喝，成为杜谦的“主要工作”。他申请登记注册的滕州市问鼎餐饮有限公司、滕州市强美富农业发展有限公司等，陆续成立。

然而，真正成为这个赛道的“选手”，杜谦才深知其中的酸甜苦辣。证照的审核办理、装修的布局设计、食材的选购把关、菜品的工艺研发、卫生健康的检查、服务的规范高效、人员的管理培训……一年三百六十天，每天绞尽脑汁、起早贪黑，让本来瘦小的他更显疲惫。

为了支持杜谦实现创业梦想，妻子赵一枚常常过去帮忙，既是采购员又当服务员，每天累得直不起腰来。深夜，在回家的路上，孩子在车上就睡着了。

也有风雨也有情。伴随着做生意的不容易，辛苦的背后，他们不仅收获了金钱和财富，也收获了经验和教训。

生意兴隆两三年，高峰时期，员工近百人，上座率达80%以上，但由于其复制性较强，独创的优势逐渐弱化，特别是三年新冠疫情的冲击，两家餐饮公司苦苦支撑一段时间后，被迫暂时关闭。

/ 热爱：创意“鲁滕不二”“茶非酒”品牌 /

热爱是最好的老师，毅力是最坚固的堡垒。品尝了餐饮操盘手的快乐和痛苦后，失败并没有打倒杜谦做下去的意志。

进入新时代，在物质生活不断丰裕的今天，作为年轻人的杜谦陷入深深的思考，现在的年轻人需要什么样的休闲文化，如何打造既迎合潮流又健康丰富的生活方式？

东赴青岛、上海，西到西安、成都，南下广州、厦门，北上北京、天津……行走在祖国大好河山的旅途上，杜谦的眼里不只有诗和远方，更多的是对未来创业的前瞻和规划。

知你所爱，懂你所求。好的创意，总遇到志同道合者。在几位好友支持下，杜谦全新打造的鲁西南第一家“不贰酒馆”开门迎客。

“我在这里，等风也等你”“我们不生产酒，我们只是快乐的搬运工”“微醺是烟火，酒醒是生活”……一句句带着时代气息、彰显青春风采的诗句，扑面而来。

感受生活的慢节奏——“滕州的夜、不二之选”，很快如雨后春笋，在齐鲁大地生根发芽，成为实至名归的“鲁滕不贰”商标品牌，已然势不可挡，深受各类人群喜爱。

与众不同的是，他们不做千篇一律的行业标准化设计，而是为不同地域、不同街角塑造出全新的品牌体验，打造专属于当地的独一无二的特色风格，真正做到“不二之选”。

创新永无止境、创意永受欢迎。

“清欢茶所赋，喧闹酒交频。莫道茶非酒，浓时亦醉人。”作者的一首好诗，让人久久回味无穷。

茶也，酒也，茶非酒也。在探索休闲文化、社交文化的产业链上，杜谦如获至宝，打造一家“茶非酒”商标品牌的想法，一步步从想法变成了做法。

2022年上半年，经过一番精心选址，在滕州火车站旁的一条老街上，杜谦和他的伙伴们盘下一个门面店。冒着新冠疫情时而导致“封城”的风险，开始了施工。

有茶有酒有歌有故事。风格独特的装修、独具匠心的场景、健康可口的饮品、悦耳动听的驻唱，既有趣又违和，足够吸睛，一时间引来了众多少男少女。特别是“新中式茶+西餐+酒”的组合，通过增加场景触达，补全年轻人的夜生活社交场景，深受欢迎。

“昼品茶、夜撩酒，就选茶非酒。”让人久久回眸、过目不忘。

“如果没有特别幸运，那就请特别努力”，让人倍感亲切、深感励志。

若敬岁月，一定要用茶，经年陈化的痕迹，都藏在了滋味中，让人感慨万千、品味人生。

若敬友情，一定要用酒，经年储窖的味道，都藏在的时间中，让人无限怀恋、苦乐自知。

大红袍、肉桂、铁观音、金骏眉……，杜谦一直坚持着自己的选茶标准——传统、纯正。“我比较守旧，喜欢传统文化。古老的标准经过时间考验，一定有其理由。以前的茶都是由制茶师傅手工做出来的，现在的茶大部分是机器加工。在工业化时代，要找到达标的茶很不容易，我希望今天的年轻人可以喝到曾经的茶味。好茶很简单，喝完没有苦涩的感觉，会有回甘的滋味。”

低度、好喝、易入口……一饮而尽，微醺不醉。杜谦和他的团队精心打造的一个小型啤酒博物馆，同样出手不凡。

“这里的酒不仅款式、花样繁多，更有很多意想不到的搭配和口味，适合各类人群。为了开胃，我们还配有各个地方的风味美食、下酒小菜，让你闭眼下单，都能享受到经典美食。”

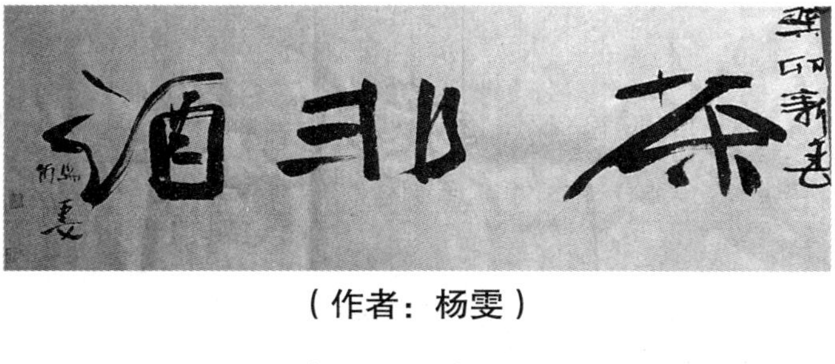

（作者：杨雯）

“其实，之所以选择这个商标品牌名称，还有一层更深的寓意，就是通过茶非酒的运营，传递一种正确的是非观，引导人们看淡是非事，远离是非人，有棱有角活出自己的精彩。”杜谦微笑着侃侃而谈，目光自信而坚定。

/ 梦想：助力年轻人有个好心情 /

青年立则国立，青年强则国强，青年兴则国兴。

青年是时代发展的风向标和晴雨表，是充满活力的群体。

随着社会转型，生活压力增大，各类矛盾凸显，思想观念多元，青年群体功利、浮躁、易怒、任性等不良情绪多发，影响了他们的成长成才。

“先解决心情，再解决事情。”心理学原理，让杜谦明白自己所做的事情还有更深远的意义，那就是通过“茶非酒”这个平台，传播健康生活方式、社交方式，助力青年人有个好心情。

自古以来，茶与酒便是分不开，茶待客，静谈人生；酒待客，把酒言欢。有茶的地方，就有故事；有酒的地方，就有江湖。

围绕青年文化，茶非酒创造出在茶馆里喝酒，在酒馆喝茶，称得上是一种特别的体验。茶香醉人，酒不醉人，似茶似酒，小杯畅饮。未来，他们还将探索出更多适合年轻人的体验方式，主要是引导消费者告别喝大酒的习惯，学会用茶干杯，改变年轻人在“想聊天就要去咖啡馆”的固有认知，营造更适合中国年轻人的交际方式。

“比如对啤酒，人们的热爱一直延续到了现在。结束了一天工作，习惯去寻找喝一杯的地方，将一身疲惫寄托于一杯翻滚着气泡的啤酒中。很多人觉得，喝啤酒的意义在于喝吐。实则不然，重要的是在水、麦芽、酵母、啤酒花的奇妙碰撞间，感受味蕾带来的幸福感。我们对消费者限量，并善意提醒。”茶非酒一位员工谈论他们的营销之道。

好的气氛靠环境烘托，是茶非酒的又一亮点。不间断的演出活动，极具唱功的驻场歌手，让消费者在干净纯粹的音乐世界里安静听歌，享受内心的安宁，在放松中舒缓压力、增进友情、改善心情。

谈到未来，杜谦介绍道，每个品牌都有自己独特的记忆点，来这里的消费者，并不仅仅为了一杯茶，也并不是为了喝懂茶，更多的是享受喝茶的氛围，拉近朋友间的距离，为明天的自己加加油。年轻人的崩溃都藏在了深夜里，而年轻人最简单的快乐都藏在了深夜的茶非酒里。

茶非酒，就是这样一个见证缘分的地方，会友人、会亲朋、谈合作，以茶为媒，以酒为介。来，以茶相迎，往，以茶相送，往来之间皆是向上向善、善始善终。纷繁复杂的当下，开心或者不开心的时候，就来茶非酒，尽兴而来，微醺而归。

目前，在经历过拼品质、拼创意、拼营销等多重维度的竞争后，茶非酒也遇到了隐形的天花板，正在尝试从品类跨界中寻找增量，想办法最大限度地捆绑新生代消费群体，让消费者与品牌之间的黏性增强，从而提高品牌的变现能力。

如同杜谦的微信题图“故事，在酒里；道理，在茶里”。茶非酒决心要继续讲好故事，讲好道理，温茶待故人，浊酒敬流年。

满眼酒家喧哗时，何处觅茶敬挚友——请到茶非酒。

（文中图片等资料由主人公提供）

杞浓：
爱琢磨助力小白从“不可能”到“可能”

李俊平

“杞浓”商标品牌创始人

宁夏杞浓枸杞产业股份有限公司党支部书记、董事长，

退役军人

人类一思考，上帝就发笑。

虽然有多种解释，但也从一个侧面强调了人类思考的伟大和重要性。

有这样一位青年，入伍后，凭借爱琢磨的性格，干一行爱一行钻一行，在部队2次荣立三等功，2次被表彰为“优秀士官”，被宁夏军区表彰为“爱军精武标兵”。

退伍后，他从几间小平房起步，潜心研发枸杞果糕，荣获国家发明专利和实用新型专利30余项，创办的宁夏杞浓枸杞产业股份有限公司，被表彰为“自治区农业产业化重点龙头企业”“宁夏中小企业50强企业”“自治区专精特新示范企业”；他个人先后被表彰为“全区优秀退役军人”“优秀共产党员”“五一劳动奖章”等多项殊荣。

三次成功的转型，诉说着不同阶段的成长历程。他的故事，激励小白们在江湖打拼。他，就是“杞浓”商标品牌创始人，宁夏杞浓枸杞产业股份有限公司党支部书记、董事长，优秀退役军人李俊平。

/ 炊事员+菜品创新，成就“立功受奖” /

1993年，李俊平从甘肃宁县老家应征入伍，来到驻宁夏某部。

走出家乡的大山，来到贫困落后的部队驻地，李俊平很快适应了这里的水土。凭借严格的自我约束和刻苦的学习训练，他很快在战友中脱颖而出，成为佼佼者。

“当兵不当炊事兵，站岗不站二五岗。”由于吃苦耐劳、踏实肯干，连队有意调李俊平到炊事班工作。一些战友劝他不要去，整天锅碗瓢盆、烧火拉煤，没有什么意思，不如训练场上摸爬滚打、对抗演习“好玩”。

“当兵不习武不算尽义务，武艺练不精不算合格兵。”李俊平陷入了沉思。然而，当指导员找到他，一番交流后，让他认识到“三百六十行，行行出状元”“革命战士是块砖，哪里需要哪里搬，砌进长城不骄傲，放到厕所不悲观”。

在三尺灶台上，李俊平从洗碗、刷盘子、打扫厨房和食堂卫生做起，边干边学，边学边干，跟着老班长、老炊事员从洗菜、切菜到配菜、炒菜、加工制作，一点一滴、一招一式，不断提升“全流程”技艺，不到一年多时间，便成为炊事班骨干。

“让首长和战友们，既吃饱又吃好，还要满意。”这是李俊平给自己定下目标。爱琢磨的他，买来了不少烹饪书籍，课余时间还经常征求大家的意见建议，细心的他每次都注意观察剩菜剩饭，从中发现“蛛丝马迹”，进一步改进食谱和菜品、数量、味道等。

做难而正确的事，时间会带来奇迹。李俊平的坚忍毅力和好学钻研，使他很快做得一手好菜，他推陈出新的菜品让很多战友至今念念不忘，他清理完的操作间干净如新让人至今印象深刻，而部队回馈给他的荣誉也一直激励他勇往直前。

/ 特产原料+科技研发，成就“杞浓”枸杞果糕 /

2007年，李俊平从部队退役后，选择自主创业。凭借着对第二故乡宁夏的热爱，他决心把根留在这里。

身份变了，初心没忘；岗位变了，技术没丢。在第二战场也要打胜仗。李俊平信念坚定，全身心踏进了研制枸杞果糕的创业之路。

立业先立学。通过学习，李俊平了解到，枸杞学名Lycium Chinense Miller，是茄科，属植物。人们日常食用和药用的枸杞子，多为宁夏枸杞的果实“枸杞子”。宁夏枸杞在我国栽培面积最大，主要分布在西北地区，已有500多年栽培史，是“宁夏五宝”之首的“红宝”，是唯一载入《2010年版中国药典》的品种。

枸杞，这个名称始见于两千多年前的《诗经》。明代药物学家李时珍云：“枸杞，二树名。此物棘如枸之刺，茎如杞之条，故兼名之。”道书言：千载枸杞，其形如犬，故得枸名，未审然否？颂曰：仙人杖有三种：一是枸杞；二是菜类，叶似苦苣；三是枯死竹竿之色黑者也。

传说盛唐时代，有一天，丝绸之路来了一帮西域商贾，傍晚在客栈住宿，见有一女子斥责一老者。商人上前责问：“你何故这般打骂老人？”那女子道：“我训自己的孙子，与你何干？”闻者皆大吃一惊。原来，此女子已200多岁，老汉也已是九旬之人。他受责是因为不肯遵守族规服用草药，弄得未老先衰、两眼昏花。商人惊诧之余忙向女寿星讨教高寿的秘诀？女寿星见使者一片真诚，便告诉他自己四季服用枸杞。后来枸杞传入中东和西方，被誉为“东方神草”。

“宁夏黄土高原酸碱度适宜枸杞生长，昼夜温差大，白天日照充足，与其他地方枸杞相比果粒长型居多，色泽鲜红，营养更加丰富。枸杞主要特点是粒大、饱满，显长圆形，籽少肉厚，味甘甜，后味甘，色泽红艳，泡水清淡，裸籽轻，泡水易上浮。概括起来主要是从颜色、形状、气味、口味上进行辨别……面对苍天给予的这一名甲天下的瑰宝，我们没有理由不把它发扬光大。”

谈起枸杞，李俊平如数家珍、滔滔不绝。在当时生产条件、资金、技术等十分困难的情况下，他毅然成立公司，锲而不舍地一边研发产品、一边组织生产。特别是他带领团队研发的“枸杞果糕新工艺新技术七步精制法”，攻克了“枸杞+水果”工艺配方熬制提炼技术难题。

2010年，公司生产出第一块枸杞果糕产品，其独特的工艺配方和核心技术荣获了多项国家专利。之后，他们又生产出了便于携带又营养丰富的枸杞果糕系列产品。

/ 人品+产品，成就品牌和口碑 /

春到冰融，一派生机。疫情消停后，李俊平的电话响个不停，订单源源不断，热闹的市场又回来了。

人靠衣服马靠鞍。研发了好的产品，还要有好的品牌和口碑。为此，作为产品研发的专家，李俊平却是市场推广的“小白”。为此，他又开始了新的琢磨。

经过学习、请教和思考，李俊平为产品起了几个好名字——杞浓、杞浓优品、杞浓游礼、杞德堂等，并陆续在第29类、第30类、第32类、第35类等商品和服务项目上，进行了申请注册。

“杞浓，是我最看重的商标品牌。杞的含义比较直白，就是枸杞，指向明确，简单明了，易于理解；浓，有厚、密、多的意思，与‘淡’相对，既表明了宁夏枸杞优质的品质特点，更包含着我对宁夏枸杞以及做优做强做大枸杞果糕产业的情深意浓……”字里行间，无不显现出李俊平的爱琢磨劲儿。

有了注册商标，就踩在了法律的节奏上；有了产品品牌，就要广泛宣传推介。没有人脉和渠道，就用最“笨”的办法找。李俊平背着产品“扫街”，一家店挨着一家店进，一遍又一遍做推广。

20年前，枸杞果糕还是市场上闻所未闻的新鲜物，愿意“试吃螃蟹”的商家寥寥无几。一次，在银川市兴庆区解放西街一家宁夏土特产店，李俊平自己都记不得踏进去过几次，直到被店主骂了出来。

赛道选错了，质量有问题？怀疑过，彷徨过，但脚步从未停止过。李俊平凭借“走遍千山万水、说尽千言万语、想尽千方百计、吃尽千辛万苦”的精神，一步步打开了销路，枸杞果糕及几十种系列产品不仅走进了宁夏各大超市，还摆在了旅游景区、车站、机场的特产货架上，成为游客喜爱的伴手礼。

乘势而上、引智入企。李俊平引进了一批计算机软件、金融财会等专业优秀人才，他还带头发展电商产业团队，为经营插上“云之翼”，建立了面向全国的销售网络和完善的售后服务体系。

谈起做主播，李俊平自己都不相信自己的转变。面对网络直播，他直言是“小白”中的“小白”。从小性格内向，见生人说话都紧张，略带自卑感的他，怎么敢在直播间里对着镜头推销产品？

枪林弹雨都不怕，还怕直播吗？一周的"思想斗争"后，李俊平终于鼓起勇气开直播。然而，他却把时间选在了深夜。本想在没人关注的时候练练胆，谁料开播不久，就进来了两三位"网友"，细心一看，竟然是老战友。

"我的老班长，谢谢你给了我坚强……"战友的鼓励让李俊平坚定了信心，让他把不可能再一次变为可能。

此后，真诚实在的主播"小白"一路"狂飙"，创造奇迹：单次直播吸粉超过6万人，销售额突破7万元；线上销售额占销售总额的40%……

创业有成，不忘回报社会。朴素的情怀，让李俊平爱心满满。他先后投资1320余万元，与中宁县舟塔乡1000多家农户签订1万多亩的枸杞联营种植协议，通过种植指导、田间服务、产品收购、生产加工，在市场零售建立产、供、销一体化流通渠道，助推农业发展、助力乡村振兴，让枸杞成为当地农民的"致富果"，帮助500余户农民收入逐年增长。

此外，李俊平先后投资350余万元培养技术人才；安排近百名大学生实习就业；安排退役军人及军嫂就业100余人次；为宁夏南部山区、贫困学校捐款70余万元，慰问困难退役军人、老党员、残疾人50余人次……

疫情期间，李俊平捐款捐物助力抗疫，金额累计30余万元。他还积极参加志愿活动，在社区卡点值守，30多个日夜不曾回家，用实际行动书写一名退役军人、共产党员的责任担当。

"人生一世，草木一秋。人活着，就要为社会多做一些有价值有意义的事情，就要带着浓浓的情怀过好每一天。守护好舌尖上的安全，让更多人享受到杞浓牌枸杞糕点美味，是我不懈的追求。"

爱琢磨、有毅力、不服输，李俊平把部队"馈赠"的品质贯穿到杞浓品牌发展全过程中。

（文中图片等资料由主人公提供）

后　记

什么是真正的资产

——浅谈关于无形资产亟须形成的几点共识

资产，是资本和财产的统称，是指由企业过去的交易或事项形成的、由企业拥有或者控制的、预期会给企业带来经济利益的资源。

人类社会对资产的认识经历了一个渐变过程。工业革命以来，蒸汽机、内燃机、电灯、电话等伟大发明使人类的物质生产达到了历史巅峰。进入信息技术时代，知识的生产成为主流，财富的天平更多地从有形物质生产转向无形的知识生产倾斜。知识产权作为一种全新的产权形态和生产要素出现了。从动产、不动产列为资产，到逐渐认识到一种全新的资产——无形资产。

无形资产，有自然属性和社会属性之分，以“知识”产权化的知识产权属于社会属性的无形资产，也有人也将其列为虚拟经济范畴。知识产权，英文为Intellectual Property或Intellectual Property Rights，简称IP，原意为“知识（财产）所有权”或者“智慧（财产）所有权”，也称智力成果权。根据《民法典》规定，知识产权属于民事权利，是指公民、法人或者其他组织对创造性的劳动所完成的智力成果依法享有的专有权利，受法律保护，不容侵犯。以“无形”来概括知识产权客体的本质特征，以“财产”说明客体的经济效益特点，很好地解释了知识产权客体的特点。知识产权是一种私权利，与物权、债权等相并列的一种民事权利，具有独占性、地域性和时间性特征。因此，知识产权从本质上说，是一种无形财产权，是科技、经济和法律相结合的产物。

可见，无形资产是一种无形财富，是指企业拥有或者控制的没有实物形态的可辨认非货币性资产。没有物质实体，而表现为某种法定权利或技术，主要包括专利权、商标权、著作权、特许权、商业秘密等以知识产权为核心的资产，其他还包括诸如一个人的人品、知识、信誉、能力、人脉等隐性元素。知识产权所开拓的市场，就是从无形转化为有形，从零散走向整合，成为其权利人的有形资产。

关于无形资产和知识产权，很多企业和个人摔过跟头，也尝过甜头，但整体上跟头大于甜头。特别是对我国企业来说，对无形资产的重视程度远远不够，对商标品牌价值的认识尤为不足。前些年，部分企业在改制、重组、合并、合资中，没有对商标品牌进行评估或者评估数额较低，造成大量商标无形资产的流失，令人痛惜。广东某企业与香港某企业合资，其著名商标“岭南”无偿给合资企业使用。后来港商转让给日本企业，价值数千万元。20世纪80年代末，某集团等与某粮油私人公司合作，在深圳成立南海油脂公司，使用“金龙鱼”商标。经过10多年的共同培育，“金龙鱼”成为国内食用油类重要品牌。但令人痛心的是双方没有对商标的归属问题作出明确约定，合资期满时，某集团等出资方只能按出资得到一些厂房、设备等固定资产，其商标上凝聚的巨大无形资产归对方所有。

据此分析，当代企业之间的竞争，主要是品牌和技术的竞争，品牌与商标权相关，技术与专利或技术秘密相关。实质上，企业之间的竞争，归根结底就是知识产权的竞争，可见知识产权的创造、运用、保护、管理至关重要。因此，关于无形资产，亟须形成以下“九点共识”。

共识一：知识产权是无形资产的重要内容。认识到“IP是无形资产”这一概念，明白知识产权不只在法务上有价值，在财务、商务层面也有价值。比如商标权就是重要的独一无二的不可复制的无形资产之一，具有极大的增值潜力。一些驰名商标的价值高达数百亿元人民币，一个高知名度的商标所带来的高额附加值可以创造意想不到的财富。美国GDP中70%与知识产权有关，如微软、苹果、特斯拉、可口可乐、肯德基、麦当劳等，从某种程度上讲，它们卖的是专利、品牌和商誉。知识产权，日益成为一个国家或企业壮大经济实力的强大后盾。

共识二：无形资产具有重大价值作用。无形资产与房屋、汽车等有形资产一样，受到法律保护，其价值作用在某种情况下甚至超过房屋、汽车等有形资产。如乐视网，虽然其经营不善最终退市，但在2020年其名下拥有的商标经过司法拍卖，最终以1.31亿元成交；曾经的手机巨头诺基亚，虽然其手机产业没落，但凭借其所拥有的专利，每年的专利许可费也高达几十亿元。概括起来，无形资产有“三个方面”重大价值作用：一是具有更强大的收益能力。一项新技术的成功研发与投入使用，一个新品牌的打造和运营，可以给产品带来全方位升级，形成过硬的“市场壁垒”，收获真金白银。二是具有更强大的品牌效应。优质的产品和服务，能够打动消费者心智，形成持续的品牌效应，助力企业长盛不衰。三是具有更强大的应变能力。可以通过质押融资、收取许可费用、建立产业联盟等形式，应对各种不确定性，亦可提高在合资合作和商务谈判中的地位，增强自身优势。实践表明，越富庶的国家，越卓越的企业，有形资产所占比率越低，无形资产所占比率越高。

共识三：市场竞争主要是商标品牌竞争。随着市场经济的发展，商标已越来越具有凝聚核心技术、自主知识产权、优秀人才、现代管理、严格质量和优质服务等一系列软资源的作用，在具体运作过程中又逐渐强化与多种软资源的融合，具有整合企业与产品综合素质的功能，具有对企业和产品内在素质的表现功能。如果说专利、商标、版权等整个知识产权是一个互为一体、环环相扣的链子，那么商标不仅是其中的重要一环，而且还承载着融合其他知识产权价值的重要责任。从某种意义上说，一个国家经济崛起的过程，就是本国品牌发展壮大的过程，一个行业是否成熟，要看该行业是否确立了大众熟知和接受的品牌。NBA、耐克等一批国际性公司运作商标资产的经验表明，如何做大做强企业，核心是如何做大做强企业的商标，企业资产运作是要把有形资产和无形资产运作有机结合起来，才能使企业长盛不衰。不可置疑，知识产权成为核心竞争力，商标成为打开国内国际市场的通行证。

共识四：注重舍得在无形资产上投资。无形资产的投资，是指投资者以专利权、商标权、著作权、土地利用权、商誉等形式的无形资产对企业进行投资所形成的资本形式。未来知识经济的发展趋势，给企业家经营无形资产提供了更广阔的用武之地。反映在投资领域，就是实物投资对现代企业的重要性趋弱，投资于无形资产趋多。实践表明，模仿并不可怕，可怕的是只会模仿。聪明的资产运营者会通过无形资产的经营来减少有形资产的投入，也就是以无形资产的输出作为手段，寻求企业在更大的空间和范围内实现控股或参股。能够借助无形资产的有效运营来替代有形的投入，让企业实现少投资甚至不投资也能完成企业收购与合并，乃至达到战略联盟的目的。

共识五：科学确立企业无形资产战略。此举，是指为保护无形资产资源主体的优势而制定和实施的一种长远性、全局性地运用无形资产的总体谋划和策略，包括提出目标，确定实现目标的方针、方法和步骤等。需要把握“四个方面”：一是明确组织的宏观目标，二是让利益相关者参与到决策的制定过程中来，三是协调好短期利益与长期利益，四是正确权衡效率与效果之间的关系。无形资产战略管理，也是指为了创造和维持竞争优势，以组织的全局为核心，根据总体发展的需要，对无形资产进行内外部环境分析、战略规划、战略选择、战略实施及评价和控制等管理的过程，是为了达到一定的目标和组织的长期绩效而实行的一系列无形资产管理决策和措施。一般而言，无形资产战略管理具有全局性、长远性、前瞻性、动态性和风险性、创新性等特点。基本过程包括环境分析、战略规划、战略实施、评估与控制四个阶段。

共识六：全面加强无形资产的培育。建立相关研发中心，投入一定人力、资金与时间，深入挖掘，创新创造。主要有“三种途径”：一是自主研发无形资产，重视商品或服务科技含量，而不是采取简单“拿来主义”，鼓励自行开发新产品、新技术和新方法、新品牌等；二是深入培育无形资产，通过多种形式、多种渠道塑造企业形象，构建起物质层文化、制度层文化和精神层文化为一体的企业文化，运用灵活有效的广告宣传等推介企业品牌，形成一定知名度；三是积极引进无形资产，通过购买或入股等方式引进国内外先进的技术、卓著的名牌等。

共识七：努力加大无形资产的保护。保护知识产权就是保护创新。研发新产品、推出新品牌、推广新服务，必然会投入大量的人力、物力和财力，如果不及时对知识产权进行有效保护，那么竞争对手便会通过模仿、复制、商业间谍等不正当手段低成本获得知识产权，从而以低成本参与市场竞争。因此，对研发的新技术、创造的新商标等自主知识产权，要第一时间系统布局、申请注册。及时有效的知识产权保护，可以使企业独享知识产权带来的市场利益，免于知识产权的流失，规避侵权风险，保证企业的经营安全，增强企业的市场竞争力。实践中，要遵循“四项原则”，即全面性、多样性、过程性、规划性；采取“四项措施”，即树立员工的无形资产保护观念，设立专门无形资产的机构，制定相应保护制度，提高人才专业素质。如遇到侵权纠纷，要勇于运用法律手段进行维权。

共识八：切实优化无形资产的管理。有形资产的管理是物质性管理，是对生产设备、原材料、产品等硬资产的管理。无形资产管理往往表现为商标等知识产权的使用、企业文化、研发投入等软实力的管理。企业创建之初，就要把无形资产的管理贯穿到企业规划、发展、壮大全过程；组建专职或兼职的无形资产管理团队，配备专业人员。取得无形资产后，要跟进做好其产品的质量与售后服务，倍加珍惜与维护品牌声誉。要像重视有形资产的管理一样，重视无形资产的管理，在管理科学性、思想性和艺术性的实践升华中追求可持续发展。主要落实好以下“七项制度”：一是无形资产的核算制度，二是无形资产实物管理制度，三是无形资产的经营制度，四是无形资产的统计制度，五是无形资产的审计制度，六是无形资产保护制度，七是无形资产考核制度。

共识九：提升经营无形资产的策略。经营无形资产的策略，是指企业进行无形资产的经营过程中所采取的各种具体方式、办法和措施的总称。主要包括利用无形资产融资和筹资的策略，利用无形资产的优势实现低成本扩张的策略，以品牌为效应壮大无形资产的策略，防止无形资产损耗的策略。现代广告应用，一般促销有形商品，要转化并提升为既促销有形商品，又促进无形资产的发展和创造新的无形资产的多重功能层次。这方面的失误，教训沉重，比如由某方控股80%的中方OA史密斯热水器公司，用于商标“OA史密斯”广告支出多达数百万元人民币，而中方的“玉环”商标广告费接近零，合作结束时，美方不费吹灰之力扩大了市场份额。

有人说，知识产权是21世纪的货币，是一种神奇的财富。2000年至2020年，知识产权一直是美国以及其他发达国家经济发展的首要引擎。事实证明，知识产权与经济效益，不是加法关系，是乘法关系，我们理应大力发展与知识产权密切相关的行业企业。

无形资产有形赋能。专利、商标、知识、信息、信用、人脉等，是资源还是资产，关键看如何经营和管理。只有具备过硬的驾驭无形资产的综合能力，方可通过有形资产来建立自己的无形资产，通过无形资产的加强和保护，进一步扩充有形资产。实践中，无形资产不易找到对价关系，相对有形资产较难直接购置或转移，需要科学系统评估。无形资产，通常需要自身长期培养和积累，厚积薄发，最终成为真正的资产。

作者

2023年10月

商标品牌之火
——兼谈以工匠精神管好用好知识产权

商标作为传统的知识产权“三驾马车”之一，是知识产权中生命力最持久、与生活最直接相关、与经济活动联系最紧密的知识产权类型之一。近年来，国家高度重视知识产权建设，密集出台《知识产权强国建设纲要（2021—2035年）》《“十四五”国家知识产权保护和运用规划》等政策制度。知识产权事业犹如经济大潮中的小花，次第开放、竞相争艳。

/ 火如荼 /

据统计，我国商标注册年申请量近千万件，居全球第一位；马德里商标国际注册有效量已达到四万多件，居全球第二位。很多市场主体，利用商标品牌等知识产权圆了创富梦、创业梦，全社会创新创造活力竞相迸发。商标品牌恰似皇冠上的一颗明珠，光彩夺目，备受关注。其火爆的程度，犹如星星之火，遍地燎原、炙手可热。

然而，如同一枚硬币都有正反面，任何事物的发展亦有好有坏。

从2020年抢注“火神山”“雷神山”“钟南山”，到2021年抢注“丁真”“三星堆”“清澈的爱”，到2022年抢注冰墩墩、谷爱凌、YYDS……

从“同仁堂”“狗不理”，到“金五星”“王致和”，再到“青岛”“HISENSE”等数百件国内知名商标，在欧洲、东南亚、日本、美国、澳大利亚等国家和地区被抢注……

从“红牛”的权属之争、“鲍师傅”的“斩首行动”，到“露露”的中年危机、从“金六福”还是“金大福”，到“微信”与“微信树”“羊了个羊”和“猪了个猪”……

从快手公司状告“块手直播”获赔120万元人民币，到广州蓝月亮实业有限公司等诉讼某蓝月亮纸业有限公司等侵犯“蓝月亮”商标专用权和许可使用权，获赔1000万元人民币，再到“小米”诉讼“小米生活”商标侵权获赔5000万元人民币……

从吃过苦头，到尝到甜头；从栽过跟头，到认清苗头，经历过商标品牌等知识产权“风吹雨打”磨炼后，人们越来越看到了其奔头兆头，争先恐后追赶潮头，义无反顾带头领头……

从“星巴克”改变了中国人的饮品习惯，到“老干妈”改变了外国人的味蕾，再到“华为”“小米”改变了世界人民的生活方式。从国内到国外，这些商品凭借商标品牌的力量而身价倍增、畅销全球……

商标品牌如此火热地介入人们的生产生活、衣食住行，引发社会广泛关注、深度参与，历史上前所未有。走在大街小巷，五颜六色、特征迥异的各类商标品牌，让人驻足观望、流连忘返，成为一道亮丽的风景线；认标购物、据牌消费，已经成为人们的自觉习惯和生活常态，成为一种凝聚跨越时间、空间的独特资源，须臾信得过、离不开。

/ 冷思考 /

火热的背后，需要冷静的思考——商标品牌到底是什么？来自哪里？有何用处？

商标是商品经济和市场经济发展的产物，素有“黄金名片”之称，是指商品的生产者、经营者在其生产、制造、加工、拣选或者经销的商品上或者服务的提供者在其提供的服务上采用的，用于区别商品或服务来源的，包括文字、图形、字母、数字、三维标志、颜色组合和声音等，以及上述要素的组合，具有显著特征的标志。商标是企业走向市场、参与竞争的通行证。

品牌，是制造商或经销商加在商品上的标志，由名称、名词、符号、象征、设计或它们的组合构成。用抽象化的、特有的、能识别的心智概念来表现其差异性，从而在人们的意识当中占据一定位置的综合反映，是人们对一个企业及其产品、售后服务、文化价值的一种评价和认知，是一种信任，是具有经济价值的无形资产。品，代表功效、品质与质量、安全；牌，代表招牌、形象与寓意、关系。品质靠技术与精神，关系靠沟通与文化。品牌是市场运作的必然产物，是一个企业整体竞争力的总和。

商标是一个法律术语，品牌是一个经济术语。商标是品牌的灵魂和支撑，是品牌的识别标识，是对品牌进行法律保护的重要载体；品牌源于商标，又超越商标，品牌的内涵更广泛一些。商标、品牌深度耦合、共生共荣，一旦使用于商品或服务，商标就是品牌，品牌就是商标。如果说质量是企业的“命根子”，那么商标、品牌则是企业的“脸面”，须臾不可小视。虽然它们之间各有区别，却联系紧密，故应将其申请注册，因为只有法律的保驾护航，商标、品牌方能欢快地起舞，行稳致远。

“头顶马聚源，脚踩内联升，身穿瑞蚨祥，腰缠四大恒”，我国近代北京老字号的这些商标品牌被人们念念不忘、津津乐道；可口可乐前董事长伍德鲁夫有一句名言：“假如我的工厂被大火毁灭，假如遭遇到世界金融风暴，但只要有可口可乐的品牌，第二天我又将重新站起。”日本前首相中曾康弘也有一句名言：“索尼是我的左脸，三洋是我的右脸。”不惜将本国商品品牌作为自己在国际上的脸面，意在说明国产品牌的重要性。

当前，商标品牌不断升温，让人们越来越看到知识经济已经扑面而来。知识是竞争的砝码，是力量的体现，是财富的象征。特别是“为天才之火添加利益之油”立法价值的制度设计越来越完善，越来越有力。

随着一些企业知识产权意识的觉醒、认识和强化，越来越加大投入和研发力度，从“一引，二学，三创造”，到集中人力、物力、财力致力于知识产权的挖掘、规划、创新、运用、管理和保护等，不断打造自己的核心竞争力，成为市场博弈的“杀手锏”。

经商有道，营销有方。商标品牌作为一种商业标记，来自市场，理应回归市场。如同不以砍柴为目的的磨刀是假把式，不以使用为目的的商标注册便是耍流氓。根据企业发展需要合理布局和防御注册一定的商标数量，合法合规、情理之中。但超越自身实际需求，一门心思绞尽脑汁“蹭热点”“傍名牌”“搭便车”，或者囤积牟利、先注先得再高价出售，甚至以此要挟他人与其进行商业合作等，则涉嫌恶意抢注，需要承担相应法律责任。如果代理人知道或者应当知道委托人的恶意申请行为，还提供代理服务的话，也要承担相应法律责任。

商标品牌的力量再大，也是用的，不是炒的。申请人应依法依规申请注册商标，商标代理机构应依法依规从事商标代理业务，都应当秉承对市场的敬畏和对消费者的尊重，坚守正确的市场经济价值观，不被利益冲昏头脑。特别是当前形势下，尤需在集中精力、全力以赴提升商品或服务质量，合法合规、一心一意开展生产经营活动上下功夫，切不可把心思和精力用错了地方。

商标有授权，品牌有归属，市场无国界。随着商业形态的不断进化，商标品牌所承载的含义越来越丰富，但其本质始终没变，那便是社会、企业、客户三方共创的结果。

人类需要商标品牌，而时代正赋予我们千载难逢的机会。

/ 热期待 /

创新是引领发展的第一动力，保护知识产权就是保护创新，这是高质量发展的前提和保障。适逢中华民族伟大复兴的新时代，落实知识产权强国的新战略，知识产权事业迎来了“天时、地利、人和”的重大机遇期，值得热切期待。

国家发展改革委等部门下发《关于新时代推进品牌建设的指导意见》（以下简称《意见》）指出，品牌是高质量发展的重要象征，加强品牌建设是满足人民美好生活需要的重要途径。近年来，我国品牌建设取得积极进展，品牌影响力稳步提升，对供需结构升级的推动引领作用显著增强。同时也要看到，新一轮科技革命和产业变革深入发展，品牌发展理念和实践深刻变革，我国品牌发展水平与全面建设现代化国家的要求相比仍有差距。要坚持质量第一、创新引领，开展中国品牌创建行动。适应新时代新要求，进一步引导企业加强品牌建设，进一步拓展重点领域品牌，持续扩大品牌消费，营造品牌发展良好环境，促进质量变革和质量提升，推动中国制造向中国创造转变、中国速度向中国质量转变、中国产品向中国品牌转变，久久为功促进品牌建设高质量可持续发展。

“两大目标”清晰明确。一是到2025年，品牌建设初具成效，品牌对产业提升、区域经济发展、一流企业创建的引领作用更加凸显，基本形成层次分明、优势互补、影响力创新力显著增强的品牌体系，品牌建设促进机制和支撑体系更加健全，培育一批品牌管理科学规范、竞争力不断提升的一流品牌企业，形成一批影响力大、带动作用强的产业品牌、区域品牌，中国品牌世界共享取得明显实效，人民群众对中国品牌的满意度进一步提高；二是到2035年，品牌建设成效显著，中国品牌成为推动高质量发展和创造高品质生活的有力支撑，形成一批质量卓越、优势明显、拥有自主知识产权的企业品牌、产业品牌、区域品牌，布局合理、竞争力强、充满活力的品牌体系全面形成，中国品牌综合实力进入品牌强国前列。

“四大品牌”重点突出。《意见》要求打造提升农业品牌、壮大升级工业品牌、做强做精服务业品牌、培育区域品牌。

《中共中央、国务院关于加快建设全国统一大市场的意见》公布后，有专家从知识产权的视角分析指出，未来知识产权在全国统一大市场中的地位和作用愈益重要，有“五种角色”应引起关注：一是大市场竞争规则的重要参与者，二是大市场信息共享的基本贡献者，三是大市场基础设施的软实力建设者，四是大市场执法体系的内在裁判者，五是大市场国内国际双循环的桥梁沟通者。

学习以上法规制度，深入分析当前形势，笔者认为，知识产权升温火爆是时代发展的必然过程，是大势所趋。一个国家经济崛起的过程，其实就是本国品牌发展壮大的过程。

当前，管好用好知识产权，已经成为创业创富的秘籍“宝典”、事业发展的“必修课”“必答题”。从不懂不会、一知半解，到若懂若会、深入钻研，从无到有、从少到多、从多到优，管好用好知识产权亟需工匠精神，就是从知识产权创造的质量、运用的效益、保护的水平和管理的标准全链条全要素全过程上一丝不苟、追求卓越、尽善尽美。

《周礼·冬官考工记》记载：“知者创物，巧者述之，守之世，谓之工。”工的职责就是造物。“工匠”，是指以手工技艺专长而从事相关职业的人。“工匠精神”是指工匠对自己的物质产品或精神产品精雕细琢、精益求精的精神理念。通过反复打磨自己的产品，不断改善和提高自己的技艺，享受并拥有产品在双手中不断升华的过程。庖丁解牛、鬼斧神工、炉火纯青等成语，便是对“工匠精神”的形象表达。

远古以来，我国人民就把手艺人称为“工匠”，以体力为主的如船工、河工、窑工等，以技术为主的如木匠、铁匠、画匠等。既指普通手艺人，也指造诣很高的大师、大家。笔者家乡的圣匠鲁班，便是勇于创新、精工细作、善于传艺的工匠精神代表。他在传授手艺的同时也传递了创新、耐心、专注、坚持等精神。

实践中，从事智力劳动成果的知识产权工作，更需要秉承一个“精”字，其对“精心、精湛、精细、精致、精巧、精确、精准、精妙、精密、精品”要求更高、标准更严，更需要提倡和弘扬工匠精神。以工匠精神管好用好知识产权，说到底还需要一批高素质知识产权人才队伍。

党的二十大报告强调：“实施科教兴国战略，强化现代化建设人才支撑。教育、科技、人才是全面建设社会主义现代化国家的基础性、战略性支撑。必须坚持科技是第一生产力、人才是第一资源、创新是第一动力，深入实施科教兴国战略、人才强国战略、创新驱动发展战略，开辟发展新领域新赛道，不断塑造发展新动能新优势……”

当前，我国知识产权人才培养面临总量不足、高端人才缺口较大、培养体系、评价激励、流动配置等机制不够优化的问题。据悉，2022年3月，我国知识产权人才队伍约69万人，而我国实际需要的知识产权人才数量应达到100万人。

为此，国家明确要求支持企业实施品牌人才提升计划，完善品牌人才引进和培养培训机制，提高品牌创建、运营和管理能力。鼓励企业联合高等院校开设品牌理论和应用管理课程，培养一批具有国际视野和品牌管理专业素质的企业家、管理人才。支持企业加强品牌适用人才培训，鼓励企业和专业机构、职业学校开展品牌管理职业培训，培养品牌建设专业人才。弘扬工匠精神，培养造就一批高素质技术技能人才。

潮平两岸阔，风正一帆悬。我们坚信，奋进在知识产权强国新征程上，只要坚持以工匠精神推动知识产权高质量创造、高效益运用、高水平保护、高标准管理，就一定能不断提升我国自主品牌影响力和竞争力，加快建设一批产品卓越、品牌卓著、创新领先、管理现代的世界一流企业，为实现中华民族的伟大复兴做出新的更大贡献。

作者

2023年11月

致　谢

创造商标品牌不易，运用、保护和管理商标品牌更难。关键是要始终矢志民族复兴的信念、担当建设世界一流企业的重任，心怀对消费者的尊重。写作亦如此。

毕竟，知识的产生是一个经由从主观到客观、从理性到感性、从精神到物质的过程。“知识”是知识产权发生的事实前提，是一项极具挑战性的鲜明的创造性劳动。

我国知识产权法学学科奠基人刘春田老师认为，如同创作人和打字员的分工，生动形象地阐明了劳动与创造的诸多不同和本质区别。创造成果是前所未有的，一切劳动却是格式化的，就是说不拘一格是创造、拘于一格是劳动。所以，知识的唯一来源是创造。

我们放弃周末、假日的休息，孜孜以求地采访、写作，甚至带着病痛创作此书的目的，便是希望能给人带来太阳的光辉，抑或月亮或星星，哪怕是一盏路灯，也能照亮三五十米。

因为据说，一只蝴蝶的翅膀也可能有着改变世界的力量。一个人一件事的改变，也是值得的。希望阅读此书的读者，能有所受益。

感谢为此书撰写、编辑和出版给予关心支持的诸位领导、老师、朋友。他们是（排名不分先后）：

中国人民大学休闲经济研究中心主任、博士生导师，中国旅游改革发展咨询委员会委员，北京市、河北省等人民政府顾问　王琪延

中国中小企业协会副会长　陈　晶

新疆维吾尔自治区工商联副主席、京和石榴花品牌创始人 乌布力艾散·乌布力喀斯木

中国农业大学经济管理学院教授、经济学博士 吕建军

中国移动通信集团北京有限公司副总经理 刘 岩

山东农发集团董事长 孔令杰

山东能源集团安保服务有限公司董事长 于 峰

媒体人、知名危机管理专家，畅销书《舆论陷阱》作者 栾 帆

中联天盛北方竹子研究院创始人 张业庆

山东启腾生物科技有限公司董事长、豆多奇品牌创始人 林泰阳

上海京鸿光学眼镜有限公司董事长 赵旭峰

景坤板鸭传承人 张运伟

工商管理博士、项目管理实战专家 于洪波

北京建国餐饮有限责任公司总经理 褚 旭

江苏维沃科技有限公司董事长 任 磊

上海航天空间技术有限公司总经理 刘伟亮

山东中天泰和实业有限公司董事长 吕建云

品牌学者、原中国国家品牌网总编辑、环球时报特约评论员 尹 杰

重庆华强控股（集团）有限公司董事长 谢光强

中国国际贸易促进会信息中心副主任 胡 凡

中国北京同仁堂（集团）有限责任公司副总经理 文 勤

山东省东营女企业家协会会长 秦晓会

北京万通联创供应链管理有限公司董事长、中国长租公寓综合服务运营商 万 里

北京行世医院投资管理有限公司董事长、金玉通舒缓保健液品牌创始人 刘丽娜

中国开发区协会副会长、国粹传承（北京）文化传媒有限责任公司合

伙人　王晓晶

山东康泰实业有限公司总经理　康　正

双子兄弟国际影视文化传媒（北京）有限公司创始人、导演　姜大伟

贵州山谷酒堡酒业有限公司总经理、黔韵酒业品牌创始人　吴洪美

南粤控股集团有限公司董事局主席　金　勇

磐石教育创始人　于懿兰

湖南汇泽工程咨询有限公司法人　高月星

西部发展控股集团有限公司董事长　陈远东

华致酒行连锁管理股份有限公司总裁　李　伟

西藏协合车业集团公司董事长　徐子凌

滕州市爱瑞派节能厨具有限公司总经理、同丰TONGFENG品牌创始人　吕　程

山东美铭集团董事长　王志强

北京新学道教育集团联合创始人　梁勇、郝少林

大有财富（北京）资产管理有限公司董事长　万永旗

榆林万盈德商贸有限公司总经理　李生辉

山东省第十四届人大代表、东盛生态科技股份有限公司董事兼总经理　杨爱君

中国酒业协会理事长　宋书玉

引力传媒股份有限公司创始人　罗衍记

山东三维钢结构股份有限公司创始人　杨维生

国家肉类加工产业科技创新联盟　理事长张德权、秘书长盛君华

中国对外贸易经合协会副会长　向开满

北京协和医学院管理处处长　王海涛

北京宝蓝股份有限公司高管　王　辉

北京市爱国拥军促进会会长　郑　静

青岛西海岸新区枣庄商会、中佳勘察设计有限公司负责人　范文鹤

国网（广西）香料有限公司董事长　白汝亮

河北思邈健康文化传播有限公司创始人　孙兆爽

河南立达老汤食品有限公司总经理　邱虹滔

唐人祥商贸有限公司创始人　刘小祥

半亩良田农业科技发展有限公司创始人　徐　强

山东晨润达汽车制造有限公司创始人　刘承臣

中国财政经济出版社主任　尉　敏

中国财政经济出版社编辑　陈志伟、张凡、史大鹏、卜建辰、李瑞荣

……

此书闪烁着他们晶莹的汗水，也凝结着他们多年的智慧。不可忘记的，还有我的父母、妻子和孩子，以及家人和同事等，柴米油盐酱醋茶，以及心头的慰藉，都使我在撰写本书时能够克服各种困难，并感到丝丝幸福。

心存感激的，还有书中引用参考资料的作者和无法联系到的专家学者们，他们智识珍珠的光辉照耀着我，走在他们铺就的路上，我们才顺利到达了这里。关于资料、数据上的疏漏，受个人水平所限，虽经精心校对，恐怕仍是在所难免，我亦将怀抱诚惶诚恐的学习态度，以就教于方家。

每一个商标品牌都是一篇美丽动人的华章，每一个商标品牌都在演绎新的华章。对此，我们充满期待……

朱宇

2023年10月

参考文献

[1] 王肃.知识产权总论[M].北京：知识产权出版社，2020.

[2] 徐士敏，齐晨明，郭延军，等.知识产权强国之路[M].北京：中国金融出版社，2020.

[3] 国家知识产权局.商标审查审理指南[M].北京：知识产权出版社，2021.

[4] 江南春.人心红利[M].北京：中信出版集团，2021.

[5] 张月梅.人人都该懂的100个品牌保护常识[M].杭州：浙江工商大学出版社，2019.

[6] 林炳辉.知识产权文化读本[M].北京：知识产权出版社，2008.

[7] 罗德尼·D.莱德，阿什文·马德范.知识产权与商业：无形资产的力量[M].王肃，译.北京：知识产权出版社，2020.

[8] 杜纳·E·科耐普.品牌智慧——品牌战略实施的五个步骤[M].赵中秋，罗臣，译.北京：企业管理出版社，2006.

[9] 叶陈毅.无形资产管理[M].上海：复旦大学出版社，2006.

[10] 叶明桂.如何把产品打造成有生命的品牌[M].北京：中信出版集团，2018.

[11] 王水.商标故事初探[M].北京：中国工商出版社，2020.

[12] 巨中天.公司起名商标设计实用手册[M].北京：石油工业出版社，2002.

[13] 姜卫红.品牌：深刻地改变一切[M].北京：中国金融出版社，2022.

［14］贺寿天，冯光汉，张传博，等.商标战略与品牌提升［M］.南京：江苏人民出版社，2010.

［15］赵锐.创意产业的知识产权保护研究［M］.北京：知识产权出版社，2012.

［16］巨中天.大赢家：商标品牌致胜方略［M］.北京：民主与建设出版社，2002.

［17］马克·克雷默，温迪·考尔.哈佛非虚构写作课：怎样讲好一个故事［M］.王宇光，等译.北京：湖南文艺出版社，2015.